最新法律文件解读丛书

行政与执行法律文件解读

总第161辑(2018.5)

最新法律文件解读丛书编选组　编

人民法院出版社

图书在版编目(CIP)数据

行政与执行法律文件解读．总第161辑/最新法律文件解读丛书编选组编．—北京：人民法院出版社，2018. 10
（最新法律文件解读丛书）
ISBN 978－7－5109－2255－8

Ⅰ.①行…　Ⅱ.①最…　Ⅲ.①行政法－法律解释－中国
Ⅳ.①D922.105

中国版本图书馆CIP数据核字(2018)第212600号

行政与执行法律文件解读·总第161辑
最新法律文件解读丛书编选组　编

责任编辑　张　奎
出版发行　人民法院出版社
地　　址　北京市东城区东交民巷27号　邮编　100745
电　　话　(010)67550673(责任编辑)　67550558(发行部查询)
　　　　　　65223677(读者服务部)
客服QQ　2092078039
网　　址　http://www.courtbook.com.cn
E－mail　courtbook@sina.com
印　　刷　三河市国英印务有限公司
经　　销　新华书店
开　　本　787×1092毫米　1/16
字　　数　140千字
印　　张　8
版　　次　2018年10月第1版　　2018年10月第1次印刷
书　　号　ISBN 978－7－5109－2255－8
定　　价　22.00元

卷首语

2018年4月27日，十三届全国人大常委会第二次会议全票通过了《中华人民共和国英雄烈士保护法》（以下简称英雄烈士保护法），并于2018年5月1日起施行。英雄烈士保护法重在宣示国家和人民永远铭记、尊崇一切为国家和民族作出牺牲和贡献的英雄烈士，表明捍卫英雄烈士的鲜明价值导向。英雄烈士保护法综合现行法律、行政法规等规定，围绕国家褒扬、纪念、宣传英雄烈士，全面加强对英雄烈士的保护，维护社会公共利益，弘扬英雄烈士精神，培育和践行社会主义核心价值观，激发实现中华民族伟大复兴中国梦的强大精神力量和正能量。

2018年4月，中央政法委、最高人民法院、司法部、民政部、财政部、人力资源和社会保障部印发了《关于加强人民调解员队伍建设的意见》（以下简称《意见》）。人民调解员是人民调解工作的具体承担者，肩负着化解矛盾、宣传法治、维护稳定、促进和谐的职责使命。《意见》的出台，对于提高人民调解工作质量，充分发挥人民调解维护社会和谐稳定“第一道防线”作用，推进平安中国、法治中国建设，实现国家治理体系与治理能力现代化具有重要意义。

《最新法律文件解读》丛书
编 辑 部

范春雪 （010）67550525

姜 峤 （010）67550573

丁丽娜 （010）67550608

张 奎 （010）67550673

路建华 （010）67550660

执行编辑 张 奎

邮 箱 271717306@qq.com

目　录

［法律、法律性文件与解读］

中华人民共和国英雄烈士保护法

（2018年4月27日第十三届全国人民代表大会
常务委员会第二次会议通过）

第一条 为了加强对英雄烈士的保护，维护社会公共利益，传承和弘扬英雄烈士精神、爱国主义精神，培育和践行社会主义核心价值观，激发实现中华民族伟大复兴中国梦的强大精神力量，根据宪法，制定本法。

第二条 国家和人民永远尊崇、铭记英雄烈士为国家、人民和民族作出的牺牲和贡献。

近代以来，为了争取民族独立和人民解放，实现国家富强和人民幸福，促进世界和平和人类进步而毕生奋斗、英勇献身的英雄烈士，功勋彪炳史册，精神永垂不朽。

第三条 英雄烈士事迹和精神是中华民族的共同历史记忆和社会主义核心价值观的重要体现。

国家保护英雄烈士，对英雄烈士予以褒扬、纪念，加强对英雄烈士事迹和精神的宣传、教育，维护英雄烈士尊严和合法权益。

全社会都应当崇尚、学习、捍卫英雄烈士。

第四条 各级人民政府应当加强对英雄烈士的保护，将宣传、弘扬英雄烈士事迹和精神作为社会主义精神文明建设的重要内容。

县级以上人民政府负责英雄烈士保护工作的部门和其他有关部门应当依法履行职责，做好英雄烈士保护工作。

军队有关部门按照国务院、中央军事委员会的规定，做好英雄烈士保护工作。

县级以上人民政府应当将英雄烈士保护工作经费列入本级预算。

第五条 每年9月30日为烈士纪念日，国家在首都北京天安门广场人民英雄纪念碑前举行纪念仪式，缅怀英雄烈士。

县级以上地方人民政府、军队有关部门应当在烈士纪念日举行纪念活动。

举行英雄烈士纪念活动，邀请英雄烈士遗属代表参加。

第六条 在清明节和重要纪念日，机关、团体、乡村、社区、学校、企业事业单位和军队有关单位根据实际情况，组织开展英雄烈士纪念活动。

第七条 国家建立并保护英雄烈士纪念设施，纪念、缅怀英雄烈士。

矗立在首都北京天安门广场的人民英雄纪念碑，是近代以来中国人民和中华民族争取民族独立解放、人民自由幸福和国家繁荣富强精神的象征，是国家和人民纪念、缅怀英雄烈士的永久性纪念设施。

人民英雄纪念碑及其名称、碑题、碑文、浮雕、图形、标志等受法律保护。

第八条 县级以上人民政府应当将英雄烈士纪念设施建设和保护纳入国民经济和社会发展规划、城乡规划，加强对英雄烈士纪念设施的保护和管理；对具有重要纪念意义、教育意义的英雄烈士纪念设施依照《中华人民共和国文物保护法》的规定，核定公布为文物保护单位。

中央财政对革命老区、民族地区、边疆地区、贫困地区英雄烈士纪念设施的修缮保护，应当按照国家规定予以补助。

第九条 英雄烈士纪念设施应当免费向社会开放，供公众瞻仰、悼念英雄烈士，开展纪念教育活动，告慰先烈英灵。

前款规定的纪念设施由军队有关单位管理的，按照军队有关规定实行开放。

第十条 英雄烈士纪念设施保护单位应当健全服务和管理工作规范，方便瞻仰、悼念英雄烈士，保持英雄烈士纪念设施庄严、肃穆、清净的环境和氛围。

任何组织和个人不得在英雄烈士纪念设施保护范围内从事有损纪念英雄烈士环境和氛围的活动，不得侵占英雄烈士纪念设施保护范围内的土地和设施，不得破坏、污损英雄烈士纪念设施。

第十一条 安葬英雄烈士时，县级以上人民政府、军队有关部门应当举行庄严、肃穆、文明、节俭的送迎、安葬仪式。

第十二条 国家建立健全英雄烈士祭扫制度和礼仪规范，引导公民庄严有序地开展祭扫活动。

县级以上人民政府有关部门应当为英雄烈士遗属祭扫提供便利。

第十三条 县级以上人民政府有关部门应当引导公民通过瞻仰英雄烈士纪念设施、集体宣誓、网上祭奠等形式，铭记英雄烈士的事迹，传承和弘扬英雄烈士的精神。

第十四条 英雄烈士在国外安葬的，中华人民共和国驻该国外交、领事代表机构应当结合驻在国实际情况组织开展祭扫活动。

国家通过与有关国家的合作，查找、收集英雄烈士遗骸、遗物和史料，加强对位于国外的英雄烈士纪念设施的修缮保护工作。

第十五条 国家鼓励和支持开展对英雄烈士事迹和精神的研究，以辩证唯物主义和历史唯物主义为指导认识和记述历史。

第十六条 各级人民政府、军队有关部门应当加强对英雄烈士遗物、史料的收集、保护和陈列展示工作，组织开展英雄烈士史料的研究、编纂和宣传工作。

国家鼓励和支持革命老区发挥当地资源优势，开展英雄烈士事迹和精神的研究、宣传和教育工作。

第十七条 教育行政部门应当以青少年学生为重点，将英雄烈士事迹和精神的宣传教育纳入国民教育体系。

教育行政部门、各级各类学校应当将英雄烈士事迹和精神纳入教育内容，组织开展纪念教育活动，加强对学生的爱国主义、集体主义、社会主义教育。

第十八条 文化、新闻出版、广播电视、电影、网信等部门应当鼓励和支持以英雄烈士事迹为题材、弘扬英雄烈士精神的优秀文学艺术作品、广播电视节目以及出版物的创作生产和宣传推广。

第十九条 广播电台、电视台、报刊出版单位、互联网信息服务提供者，应当通过播放或者刊登英雄烈士题材作品、发布公益广告、开设专栏等方式，广泛宣传英雄烈士事迹和精神。

第二十条 国家鼓励和支持自然人、法人和非法人组织以捐赠财产、义务宣讲英雄烈士事迹和精神、帮扶英雄烈士遗属等公益活动的方式，参与英雄烈士保护工作。

自然人、法人和非法人组织捐赠财产用于英雄烈士保护的，依法享受税收优惠。

第二十一条 国家实行英雄烈士抚恤优待制度。英雄烈士遗属按照国家规定享受教育、就业、养老、住房、医疗等方面的优待。抚恤优待水平应当与国民经济和社会发展相适应并逐步提高。

国务院有关部门、军队有关部门和地方人民政府应当关心英雄烈士遗属的生活情况，每年定期走访慰问英雄烈士遗属。

第二十二条 禁止歪曲、丑化、亵渎、否定英雄烈士事迹和精神。

英雄烈士的姓名、肖像、名誉、荣誉受法律保护。任何组织和个人不得在公共场所、互联网或者利用广播电视、电影、出版物等，以侮辱、诽谤或者其他方式侵害英雄烈士的姓名、肖像、名誉、荣誉。任何组织和个人不得将英雄烈士的姓名、肖像用于或者变相用于商标、商业广告，损害英雄烈士的名誉、荣誉。

公安、文化、新闻出版、广播电视、电影、网信、市场监督管理、负责英雄烈士保护工作的部门发现前款规定行为的，应当依法及时处理。

第二十三条 网信和电信、公安等有关部门在对网络信息进行依法监督管理工作中，发现发布或者传输以侮辱、诽谤或者其他方式侵害英雄烈士的姓名、肖像、名誉、荣誉的信息的，应当要求网络运营者停止传输，采取消除等处置措施和其他必要措施；对来源于中华人民共和国境外的上述信息，应当通知有关机构采取技术措施和其他必要措施阻断传播。

网络运营者发现其用户发布前款规定的信息的，应当立即停止传输该信息，采取消除等处置措施，防止信息扩散，保存有关记录，并向有关主管部门报告。网络运营者未采取停止传输、消除等处置措施的，依照《中华人民共和国网络安全法》的规定处罚。

第二十四条 任何组织和个人有权对侵害英雄烈士合法权益和其他违反本法规定的行为，向负责英雄烈士保护工作的部门、网信、公安等有关部门举报，接到举报的部门应当依法及时处理。

第二十五条 对侵害英雄烈士的姓名、肖像、名誉、荣誉的行为，英雄烈士的近亲属可以依法向人民法院提起诉讼。

英雄烈士没有近亲属或者近亲属不提起诉讼的，检察机关依法对侵害英雄烈士的姓名、肖像、名誉、荣誉，损害社会公共利益的行为向人民法院提起诉讼。

负责英雄烈士保护工作的部门和其他有关部门在履行职责过程中发现第一款规定的行为，需要检察机关提起诉讼的，应当向检察机关报告。

英雄烈士近亲属依照第一款规定提起诉讼的，法律援助机构应当依法提供法律援助服务。

第二十六条 以侮辱、诽谤或者其他方式侵害英雄烈士的姓名、肖像、名誉、荣誉，损害社会公共利益的，依法承担民事责任；构成违反治安管理行为的，由公安机关依法给予治安管理处罚；构成犯罪的，依法追究刑事责任。

第二十七条 在英雄烈士纪念设施保护范围内从事有损纪念英雄烈士环境和氛围的活动的，纪念设施保护单位应当及时劝阻；不听劝阻的，由县级以上地方人民政府负责英雄烈士保护工作的部门、文物主管部门按照职责规定给予批评教育，责令改正；构成违反治安管理行为的，由公安机关依法给予治安管理处罚。

亵渎、否定英雄烈士事迹和精神，宣扬、美化侵略战争和侵略行为，寻衅滋事，扰乱公共秩序，构成违反治安管理行为的，由公安机关依法给予治安管理处罚；构成犯罪的，依法追究刑事责任。

第二十八条 侵占、破坏、污损英雄烈士纪念设施的，由县级以上人民政府负责英雄烈士保护工作的部门责令改正；造成损失的，依法承担民事责任；被侵占、破坏、污损的纪念设施属于文物保护单位的，依照《中华人民共和国文物保护法》的规定处罚；构成违反治安管理行为的，由公安机关依法给予治安管理处罚；构成犯罪的，依法追究刑事责任。

第二十九条 县级以上人民政府有关部门及其工作人员在英雄烈士保护工作中滥用职权、玩忽职守、徇私舞弊的，对直接负责的主管人员和其他直接责任人员，依法给予处分；构成犯罪的，依法追究刑事责任。

第三十条 本法自2018年5月1日起施行。

解读——
《中华人民共和国英雄烈士保护法》

全国人大常委会法工委立法规划室　王思丝

2018年4月27日，十三届全国人大常委会第二次会议全票通过了《中华人民共和国英雄烈士保护法》，并于2018年5月1日起施行。英雄烈士保护法重在宣示国家和人民永远铭记、尊崇一切为国家和民族作出牺牲和贡献的英雄烈士，表明捍卫英雄烈士的鲜明价值导向。这部法律的实施对维护社会公共利益，传承弘扬英雄烈士精神，培育和践行社会主义核心价值观将发挥重要作用。本文从英雄烈士保护法的制定背景和起草工作指导思想、原则及主要内容加以介绍。

一、英雄烈士保护法的制定背景和起草工作指导思想、原则

近年来，社会上有些人以“学术自由”“还原历史”“探究细节”等为名，通过网络、书刊等丑化、诋毁、贬损、质疑英雄烈士，歪曲历史特别是近现代历史，造成了恶劣社会影响，比较典型的是发生侮辱、诽谤狼牙山五壮士、邱少云等英雄烈士群体、个人引起的诉讼案件。抹黑这些代表性的英烈群体、人物，否定中国近现代历史，其实质是动摇中国共产党的执政根基和否定中国特色社会主义制度，这引起社会各界愤慨谴责。英雄烈士的事迹和精神是中华民族共同的历史记忆和宝贵的精神财富，英雄不容亵渎、先烈不容诋毁。一些全国人大代表、全国政协委员和群众来信都建议尽快制定或完善相关法律，以法律的武器守护和捍卫英烈。全国人大常委会高度重视英雄烈士保护立法工作，2017年3月十二届全国人大五次会议通过的民法总则第一百八十五条明确规定侵犯英雄烈士的姓名、肖像、名誉、荣誉，损害公共利益的，承担民事责任；2017年7月启动了英雄烈士保护立法程序，法工委抓紧研究起草工作，广泛听取并吸收采纳各方面意见。12月委员长会议将英雄烈士保护法草案提请十二届全国人大常委会三十一次会议审议，2018年4月十三届全国人大常委会二次会议二审通过了英雄烈士保护法。

起草工作坚持以马克思列宁主义、毛泽东思想、邓小平理论、“三个代表”重要思想、科学发展观、习近平中国特色社会主义思想为指导，贯彻落实党的十九大精神，坚持捍卫英雄烈士的鲜明价值导向，传承弘扬英雄烈士精神，培育和践行社会主义核心价值观，激发实现中华民族伟大复兴的强大精神力量。起草工作坚持和把握的原则：一是突出保护重点。本法保护范围包括近代以来，为了争取民族独立、人民解放，实现国家富强、人民幸福，促进世界和平、人类进步而英勇献身、毕生奋斗的英雄烈士，重点是中国共产党、人民军队、人民共和国历史上的英雄烈士。二是突出弘扬英烈精神。加强英雄烈士事迹和精神的宣传教育，在全社会营造缅怀、崇尚、学习英雄烈士的正气和浓厚氛围。针对现行褒扬制度存在侧重物质保障、对弘扬英雄烈士精神规定不够的情况，通过完善缅怀纪念形式，表明国家保护英雄烈士的坚定态度和立场。三是坚持问题导向。本法整合现行法律、行政法规关于英雄烈士保护的规定，与民法总则、烈士褒扬条例等法律、行政法规相衔接，同时又根据实际需要，完善了相关制度措施。

二、英雄烈士法保护法的主要内容

英雄烈士保护法综合现行法律、行政法规等规定，围绕国家褒扬、纪念、宣传英雄烈士，全面加强对英雄烈士的保护，维护社会公共利益，弘扬英雄烈士精神，培育和践行社会主义核心价值观，激发实现实现中华民族伟大复兴中国梦的强大精神力量和正能量。主要内容包括：

（一）阐释英雄烈士的历史功勋，明确英雄烈士的保护范围

中华民族是英雄辈出的民族。古往今来不断涌现的英雄人物是中华民族的脊梁。英雄烈士保护法第二条表明国家和人民永远尊崇、铭记英雄烈士为国家、人民和民族作出的牺牲和贡献；同时规定：“近代以来，为了争取民族独立、人民解放，实现国家富强、人民幸福，促进世界和平、人类进步而英勇献身、毕生奋斗的英雄烈士，功勋彪炳史册，精神永垂不朽。”上述规定体现宪法序言和人民英雄纪念碑碑文的精神，并与民法总则、全国人大常委会关于设立烈士纪念日的决定等规定相衔接。

本法保护的英雄烈士，包括近代以来，为国家、为民族、为人民作出牺牲和贡献的英烈先驱和革命先行者，重点是中国共产党、人民军队和中华人民共和国历史上涌现的无数英烈，其中既包括个人也包括群体，既包括有名英烈也

包括无数的无名英烈。从中国民主革命到现在，约有2000万英烈，但是经评定确认的只有196万。由于战争、历史条件等原因，大多数英烈都未能留下姓名，现在也无从考证，但是他们同样受本法保护，也应被尊崇和铭记。同时，本法保护的英雄烈士都是已经牺牲、去世的。健在的英雄模范人物与本法保护的英雄烈士的精神是一脉相承的，对他们的褒奖、保护，适用国家勋章和国家荣誉称号法等相关法律法规，不适用本法。本法规定的缅怀英雄烈士、弘扬英雄烈士精神等制度，是将英雄烈士作为一个整体作出的规范。在具体的抚恤优待和名誉荣誉保护中涉及的英雄烈士个体，在实际发生的侵害英雄烈士名誉荣誉纠纷，一般都是知名的英雄烈士，其身份是清楚的。实践中如果确需对英雄烈士的身份进行认定的，可以通过相关工作机制予以解决。

为了牢记先烈先辈的英勇奋斗事迹和奉献牺牲精神，不因时间的推移，年代的久远而淡忘。本法明确规定，英雄烈士的事迹和精神是中华民族的共同历史记忆和社会主义核心价值观的重要体现。国家对英雄烈士予以褒扬、纪念，加强对英雄烈士事迹和精神的宣传教育，维护英雄烈士尊严和合法权益。

（二）确定人民英雄烈士纪念碑的法律地位，建立健全英雄烈士纪念设施的保护管理制度

英雄烈士保护法首次将人民英雄纪念碑入法，明确其法律地位。人民英雄纪念碑是国家和人民纪念缅怀为中国革命和国家建设而英勇献身的英雄烈士的永久标志性纪念设施，是国家和人民进行革命传统教育和爱国主义教育的重要场所。1949年9月30日，中国人民政治协商会议第一届全体会议通过决议，在首都北京天安门外，建立一个为国牺牲的人民英雄纪念碑。当日下午即举行人民英雄纪念碑奠基典礼，毛泽东主席率全体代表参加，并宣读了人民英雄纪念碑碑文。人民英雄纪念碑在设计过程中，突出了纪念碑的“人民性”，强调纪念为国牺牲的人民英雄，在纪念碑的浮雕中只突出了人民群众的形象，没有具体的革命领袖人物和历史上的重要人物，充分体现了毛泽东同志提出的“人民创造历史”的唯物史观。1958年4月22日，人民英雄纪念碑建成，今年恰逢人民英雄纪念碑建成60周年，将其写入英雄烈士保护法中，不仅进一步明确了人民英雄纪念碑作为国家标志以及纪念缅怀英雄烈士永久性纪念设施的法律地位，也是为了激励人们不忘建立纪念碑“纪念死者、鼓舞生者”的初衷，沿着英雄足迹继续前进。

英雄烈士纪念设施包括为纪念英雄烈士专门修建的烈士陵园、纪念堂馆、

纪念碑亭、纪念塔祠、纪念塑像、烈士骨灰堂、烈士墓等设施。根据历史、艺术和文化价值，有的纪念设施被确定为文物保护单位，予以保护。目前，全国共有各类纪念设施103万座，县级以上烈士纪念设施保护单位4200多个，其中国家级纪念设施保护单位277个，每年到各类纪念设施祭奠缅怀英雄烈士的群众达1.5亿多人次。为加强英雄烈士纪念设施的保护管理工作，发挥其爱国主义教育基地的作用，本法明确规定：一是将英雄烈士纪念设施建设和保护纳入县级以上人民政府的国民经济和社会发展规划。二是中央财政对革命老区、民族地区、边疆地区、贫困地区英雄烈士纪念设施的修缮保护予以补助。三是要求英雄烈士纪念设施一律免费向社会开放。四是英雄烈士纪念设施保护单位应当健全服务和管理工作规范，保持英雄烈士纪念设施庄严、肃穆的环境和氛围。五是明确不得在英雄烈士纪念设施保护范围内从事有损纪念英雄烈士环境和氛围的活动，不得侵占纪念设施保护范围内的土地和设施，不得破坏、污损纪念设施等。

由于历史等原因，我国的一些英烈安葬在朝鲜、越南、老挝、坦桑尼亚等国家，祖国和人民没有忘记他们。加强对这些国外英雄烈士纪念设施的保护，对于巩固与这些国家的友谊，弘扬英雄烈士精神具有重要意义。因此本法规定，国家通过与有关国家的合作，加强对位于境外的英雄烈士纪念设施的修缮保护工作。

（三）纪念缅怀英雄烈士，引导公民庄严有序参加纪念活动

自2014年全国人大常委会作出设立烈士纪念日的决定以来，每年9月30日在首都北京都要举行向人民英雄纪念碑敬献花篮仪式，党和国家领导人、老战士老同志代表、烈士亲属代表以及首都各界群众代表一起出席。本法规定每年烈士纪念日，国家在北京天安门广场人民英雄纪念碑前举行纪念仪式，缅怀英雄烈士。同时，县级以上地方人民政府、军队有关部门应当在烈士纪念日开展纪念活动。明确烈士纪念日举行英雄烈士纪念活动，邀请英雄烈士遗属代表参加。

在清明节和重要纪念日活动，全国各地干部群众、中小学生、部队官兵和许多单位组织开展英雄烈士纪念活动，前往烈士陵园等纪念设施参加祭扫、敬献花圈等活动。有的地方还根据当地情况，在重大事件发生日或者具有重要历史意义的纪念日等时间点举行英雄烈士纪念活动。在总结各地实践做法的基础上，本法对清明节和重要纪念日活动作了规定。

近些年国家通过举行英雄烈士的送迎安葬仪式，给予英烈尊严、礼遇，表达对英烈的敬仰、怀念，取得了良好的社会效果。从2014年至2018年，我国与韩国完成了5批589位在韩志愿军烈士遗骸和遗物的交接工作。英魂归来，祖国给予了最高礼遇，当运志愿军烈士遗骸和遗物的专机进入中国领空后，空军两架战斗机迎接护航，烈士遗骸回国后，在沈阳抗美援朝烈士陵园举行安葬仪式，党和国家领导人、有关部门、军队代表以及抗美援朝老兵和烈士亲属、中小学生等各界人士参加仪式。2017年维和烈士李磊、杨树朋灵柩回国，经习近平主席和中央军委批准，在郑州新郑机场举行了隆重的迎接仪式。本法规定，安葬英雄烈士时，县级以上人民政府、军队有关部门应当举行庄严、肃穆、文明、节俭的送迎和安葬仪式。

为了适应开展纪念缅怀英雄烈士活动的需要，弘扬中华优秀传统文化，本法规定，国家建立健全英雄烈士祭扫制度和礼仪规范；县级以上人民政府有关部门应当为英雄烈士遗属祭扫提供便利；引导公民参加瞻仰英雄烈士纪念设施、集体宣誓、网上祭奠等多种形式的纪念活动；英雄烈士在国外安葬的，驻该国外交、领事代表机构应当结合驻在国实际情况组织开展祭扫活动等。

（四）加强对英雄烈士事迹和精神的宣传教育，树立正确的历史观、民族观、文化观

为做好英雄烈士事迹和精神的宣传教育工作，本法对各级政府和教育、文化、新闻出版、广播电视等部门以及新闻媒体提出明确要求，规定：一是国家鼓励和支持开展对英雄烈士事迹和精神的研究，坚持以辩证唯物主义和历史唯物主义为指导认识和记述历史。就是反对历史虚无主义，以所谓的“重新评价”为名，歪曲近现代中国革命历史、党的历史和中华人民共和国历史，抵制历史虚无主义消解全社会对英烈精神的共同价值追求。二是各级政府和军队有关部门加强对英雄烈士史料、遗物的收集、保护和陈列展示工作，组织开展英雄烈士史料的研究、编纂和宣传工作；革命老区应当发挥红色资源优势，开展英烈事迹和精神的宣传教育工作。三是教育行政部门应当以青少年为重点，将英雄烈士事迹和精神的宣传教育纳入国民教育体系；教育行政部门和各级各类学校将英烈事迹和精神纳入教育内容，加强对学生的爱国主义、集体主义、社会主义教育。四是文化、新闻出版、广播电视、电影、网信等部门应当鼓励和支持以英雄烈士事迹为题材的作品创作生产和宣传推广。五是广播电台、电视台、报刊出版单位、互联网信息服务提供者应当通过播放英雄烈士题材作

品、发布公益广告、开设专栏等方式，广泛宣传英雄烈士事迹和精神。

（五）实行英雄烈士遗属抚恤优待制度，明确抚恤优待要与国民经济和社会发展相适应并逐步提高

我国宪法对国家和社会抚恤烈士遗属作了规定，国防法、兵役法和烈士褒扬条例、军人抚恤优待条例等作了具体规定。本法与上述法律、行政法规规定相衔接，对英雄烈士遗属的抚恤优待的主要内容作了原则规定。本法规定，国家实行英雄烈士遗属的抚恤优待制度，英雄烈士遗属享受教育、就业、养老、住房、医疗等方面的优待；国务院有关部门、军队有关部门和地方政府应当每年定期走访慰问英雄烈士遗属；鼓励社会参与帮扶英雄烈士遗属等公益活动等。

（六）全面加强对英雄烈士的姓名、肖像、名誉、荣誉的保护，建立侵害英雄烈士名誉荣誉的公益诉讼制度

本法在规定禁止歪曲、丑化、亵渎、否定英雄烈士事迹和精神，明确英雄烈士的姓名、肖像、名誉、荣誉受法律的同时，进一步规定：一是不得在公共场所、互联网或者利用广播电视、电影、出版物等，以侮辱、诽谤或者其他方式侵害英雄烈士的姓名、肖像、名誉、荣誉；也不得将英雄烈士的姓名、肖像用于商标、商业广告。公安、文化、新闻出版、广播电视、电影、网信、市场监督管理、负责英雄烈士保护工作的部门在履行职责中发现上述违法行为的，应当依法处理。二是与网络安全法有关规定相衔接，规定公安、文化、网信等有部门在对网络信息进行依法监督管理工作中，发现发布或者传输上述信息的，应当要求网络运营者停止传输，采取消除等处置措施和其他必要措施；对来源于境外的上述信息，应当通知有关机构采取技术措施和其他必要措施阻断传播。网络运营者发现侵害英雄烈士名誉荣誉的信息时，负有及时处置，防止信息扩散，并保存有关记录，向主管部门报告的义务。三是任何组织和个人有权对侵害英雄烈士合法权益的行为，向负责英雄烈士保护工作的部门、网信、公安等部门举报。

英雄烈士事迹和精神所凝聚的民族感情和历史记忆，是社会主义核心价值观的重要体现，是社会公共利益。根据民法总则第一百八十五条和民事诉讼法的规定，本法建立对侵害英雄烈士名誉荣誉的民事公益诉讼制度，规定英雄烈士没有近亲属或者近亲属不提起诉讼的，检察机关可以依法对侵害英雄烈士的姓名、肖像、名誉、荣誉，损害社会公共利益的行为提起诉讼。发生侵害英雄

烈士名誉荣誉纠纷，英雄烈士近亲属（三代以内直系血亲）有权提起诉讼，可以直接解决诉讼请求的有关问题；法律援助机构应为英雄烈士近亲属依法提供法律援助服务。如果英雄烈士没有近亲属，或者近亲属不提起诉讼的，检察机关可以提起诉讼，不会因此各种原因不能提取诉讼，而影响维护英雄烈士的姓名、肖像、名誉、荣誉。考虑到这类公益诉讼案件较为特殊，检察机关是法律监督机关，作为提起此类诉讼的主体是适宜的。同时，为了便于检察机关及时掌握了解情况，依法提起公益诉讼，负责英雄烈士保护工作的部门和其他有关部门在履行职责过程中发现侵害英雄烈士名誉荣誉行为，需要检察机关提起诉讼的，应当向检察机关报告。

侵害英雄烈士名誉荣誉，承担民事、行政、刑事法律责任，本法规定以侮辱、诽谤或者其他方式侵害英雄烈士的姓名、肖像、名誉、荣誉，损害社会公共利益，依法承担民事责任；对侮辱、诽谤英雄烈士的，依法追究治安和刑事责任。适用治安管理处罚法、刑法关于侮辱、诽谤他人的规定。

此外，社会上个别所谓的“精日”分子，在一些纪念场所，身着二战时期日本军服拍照并通过网络传播，宣扬、美化侵略战争，损害国家尊严、伤害民族感情，造成了恶劣社会影响。对于一些不明是非的年轻人要多管齐下，综合施策，加强教育消除其产生的思想根源。本法结合英雄烈士保护工作，规定：亵渎英雄烈士事迹和精神，宣扬、美化侵略战争和侵略行为，寻衅滋事，扰乱公共秩序，构成违反治安管理行为的，由公安机关依法给予治安管理处罚；构成犯罪的，依法追究刑事责任。适用刑法、治安管理处罚法关于寻衅滋事的规定进行处罚。

[行政法规、法规性文件与解读]

中共中央办公厅　国务院办公厅 关于深入推进审批服务便民化的指导意见

（2018年5月23日）

党的十八大以来，地方各级党委和政府认真贯彻党中央决策部署，切实践行以人民为中心的发展思想，聚焦企业和群众反映突出的办事难、办事慢，多头跑、来回跑等问题，扎实推进简政放权、放管结合、优化服务改革，探索了许多行之有效的措施办法，在方便企业和群众办事创业，有效降低制度性交易成本，加快转变政府职能和工作作风，提升政府治理能力和水平等方面取得了明显成效。为进一步推广地方典型经验、带动面上改革上新台阶，现就深入推进审批服务便民化提出以下指导意见。

一、总体要求

（一）指导思想。深入贯彻落实党的十九大和十九届二中、三中全会精神，以习近平新时代中国特色社会主义思想为指导，加大转变政府职能和简政放权力度，以更快更好方便企业和群众办事创业为导向，围绕直接面向企业和群众、依申请办理的行政审批和公共服务事项，推动审批服务理念、制度、作风全方位深层次变革，着力打造“宽进、快办、严管、便民、公开”的审批服务模式，最大限度减少企业和群众跑政府的次数，不断优化办事创业和营商环境，切实增强政府公信力和执行力，推动政府治理体系和治理能力现代化，建设人民满意的服务型政府。

（二）基本原则

——坚持以人民为中心。把党的群众路线贯彻到审批服务便民化全过程，聚焦影响企业和群众办事创业的堵点痛点，用最短的时间、最快的速度，把服务企业和群众的事项办理好，让群众成为改革的监督者、推动者、受益者。

——坚持改革与法治辩证统一。在法治下推进改革、在改革中完善法治，着力破除审批服务中的体制机制障碍，加快推进相关政策法规立改废释工作，构建更加系统完善、科学规范、运行有效的审批服务制度体系。

——坚持放管并重、放管结合。协同推进审批服务便民和监管方式创新，积极探索新型监管模式，落实监管责任，以更高效的监管促进更好地简政放权和政府职能转变，推动政府管理真正转向宽进严管。

——坚持体制创新与“互联网＋”融合促进。强化互联网思维，推动政府管理创新与互联网、物联网、大数据、云计算、人工智能等信息技术深度融合，推进审批服务扁平化、便捷化、智能化，让数据多跑路、群众少跑腿。

二、主要任务

（一）全面推行审批服务“马上办、网上办、就近办、一次办”。在梳理公布政府权责清单和公共服务事项清单基础上，以企业和群众办好“一件事”为标准，进一步提升审批服务效能。合法合规的事项“马上办”，减少企业和群众现场办理等候时间。积极推行“网上办”，凡与企业生产经营、群众生产生活密切相关的审批服务事项“应上尽上、全程在线”，切实提高网上办理比例。除法律法规有特别规定外，有条件的市县和开发区80%以上审批服务事项实现网上能办。已在实体大厅办理的事项，不得要求企业和群众补填网上流程。面向个人的事项“就近办”，完善基层综合便民服务平台功能，将审批服务延伸到乡镇（街道）、城乡社区等，实现就近能办、多点可办、少跑快办。推动一般事项“不见面”、复杂事项“一次办”，符合法定受理条件、申报材料齐全的原则上一次办结；需要现场踏勘、技术审查、听证论证的，实行马上响应、联合办理和限时办结。以省为单位公布各层级政府“马上办、网上办、就近办、一次办”审批服务事项目录，具体形式可结合各自实际确定，成熟一批、公布一批，2018年10月底前实现全覆盖。

（二）深入推进审批服务标准化。聚焦不动产登记、市场准入、企业投资、建设工程、民生事务等办理量大、企业和群众关注的重点领域重点事项，按照减环节、减材料、减时限、减费用的要求，逐项编制标准化工作规程和办事指南，推行一次告知、一表申请。按照国家推进审批服务标准化的有关要求，科学细化量化审批服务标准，压减自由裁量权，完善适用规则，推进同一事项无差别受理、同标准办理。构建和完善形式直观、易看易懂的审批服务事项办理流程图（表），实现网上可查、电话可询，为企业和群众办事提供清晰指引。有条件的地方可以探索制定审批服务运行评价标准，建立相应考核评价机制。消除审批服务中的模糊条款，属于兜底性质的“其他材料”“有关材料”等，应逐一加以明确，不能明确且不会危害国家安全和公共安全的，不得要求申请人提供。上一个审批服务环节已收取的申报材料，不再要求重复提交。

（三）持续开展“减证便民”行动。全面清理烦扰企业和群众的“奇葩”证明、循环证明、重复证明等各类无谓证明，大力减少盖章、审核、备案、确认、告知等各种繁琐环节和手续。凡没有法律法规依据的一律取消，能通过个人现有证照来证明的一律取消，能采取申请人书面承诺方式解决的一律取消，能被其他材料涵盖或替代的一律取消，能通过网络核验的一律取消，开具单位无法调查核实的证明一律取消。清理过程中需要修改法律法规的，及时提出修改建议，按照法定程序提请修改。大力推进中央和地方之间、职能部门之间政务信息共享，从源头上避免“奇葩”证明等现象。确需保留的证明事项，要广泛征求意见，充分说明理由并对外公布清单，逐项列明设定依据、索要单位、开具单位、办理指南等，严格实行清单式管理。对保留的证明，要加强互认共享，减少不必要的重复举证。

（四）大力推行审批服务集中办理。优化提升各级政务服务大厅“一站式”功能，进一步推动审批服务事项进驻大厅统一办理。将部门分设的办事窗口整合为综合窗口，完善“前台综合受理、后台分类审批、综合窗口出件”工作模式，实行一窗受理、集成服务，实现“一窗通办”。根据企业和群众办件频率、办事习惯，不断优化调整窗口设置。对涉及多个部门的事项，建立健全部门联办机制，探索推行全程帮办制。通过预约、轮休等办法，为企业和群众办事提供错时、延时服务和节假日受理、办理通道，有条件的地方可探索实行“5 + X”工作日模式。对重点区域重点项目可有针对性地提供个性化定制化服务。健全市县审批服务部门与同级监管部门及上下级部门间的工作协调配合机制。完善政务服务效能监督，全面推行审批服务过程和结果公开公示，接受社会监督。深化和扩大相对集中行政许可权改革试点，整合优化审批服务机构和职责，有条件的市县和开发区可设立行政审批局，实行“一枚印章管审批”。依法设立的行政审批局办理的行政许可等事项具有法律效力，原主管部门不得要求企业和群众再加盖本部门印章，杜绝重复盖章。

（五）着力提升“互联网+政务服务”水平。打破信息孤岛，统一明确各部门信息共享的种类、标准、范围、流程，加快推进部门政务信息联通共用。按照“整合是原则、孤网是例外”的要求，清理整合分散、独立的政务信息系统，统一接入国家数据共享交换平台，构建网络安全防护体系，实现跨部门跨地区跨层级政务信息可靠交换与安全共享，并依法依规向社会开放。完善网上实名身份认证体系，明确电子证照、电子公文、电子印章法律效力，建立健全基本标准规范，实现“一次采集、一库管理、多方使用、即调即用”。中央和省级部门审批服务系统尽快向各级政务服务机构开放端口、权限和共享数据，打通数据查询互认通道，实现对自然人和企业身份核验、纳税证明、不动产登记、学位学历证明、资格资质、社会保险等数据查询需求。整合省级各部门信息建设资金资源和管理职能，探索建立统一的政务数据管理机构，加快实现全省域“一平台、一张网、一个库”。除有特殊保密要求外，各业务部门原则上不再单独建设审批服务业务平台系统。探索对适宜的事项开展智能审批，实现即报即批、即批即得。深度开发各类便民应用，推动更多审批服务事项通过互联网移动端办理。开展市民个人网页和企业专属网页建设，提高网上办事精细化水平。运用大数据精准分析和评估审批服务办件情况，有针对性地改进办理流程，让办事更快捷、服务更优质。加大非紧急类热线整合力度，建设统一的政务咨询投诉举报平台，除因专业性强、集成度高、咨询服务量大确需保留的热线外，其他热线力争做到“一号响应”企业和群众诉求。以审批智能化、服务自助化、办事移动化为重点，把实体大厅、网上平台、移动客户端、自助终端、服务热线等结合起来，实现线上线下功能互补、融合发展。

（六）创新便民利企审批服务方式。在全国推开“证照分离”改革，扎实推进“照后减证”，进一步压缩企业开办时间。全面推动在建设工程领域实行联合勘验、联合审图、联合测绘、联合验收。实行企业投资项目“多评合一”、并联审批。对国家鼓励类企业投资项目探索不再审批。对不新增用地“零土地”技改项目推行承诺备案制。在各类开发区推行由政府统一组织对一定区域内土地勘测、矿产压覆、地质灾害、水土保持、文物保护、洪水影响、地震安全性、气候可行性等事项实行区域评估，切实减轻企业负担。在实行“多规合一”基础上，探索“规划同评”。加快推进居民身份证、驾驶证、出入境证件、医保社保、住房公积金等便民服务事项互联互通、在线可查、异地可办。推广容缺后补、绿色通道、首席服务官和数字化审图、告知承诺、邮政或快递送达等便利化措施，推行预约办理、同城通办、异地代办、跨层联办、智能导办、一对一专办等多种服务方式，多渠道多途径提高办理效率和服务水平，切实解决企业和群众反映突出的排号等号、耗时长、来回跑等问题。对量大面广的个人事项可利用银行、邮政等网点实现服务端口前移。针对交通不便、居住分散、留守老人多等农村地区实际，积极开展代缴代办代理等便民服务，在村庄普遍建立网上服务站点，加快完善乡村便民服务体系。

（七）深化行政审批中介服务改革。进一步减少不必要的行政审批中介服务事项，无法定依据的一律取消。对已取消的中央指定地方实施行政审批中介服务事项和证明材料，各地不再作为行政审批的前置条件。对保留的审批中介服务事项要明确办理时限、工作流程、申报条件、收费标准并对外公开。加快推进中介服务机构与主管部门脱钩，切断利益关联。放宽中介服务市场准入，鼓励支持各类资本进入中介服务行业和领域，破除中介服务垄断。对导致垄断的行业政策进行合法性合理性审查清理，除法律法规有特别规定外，各部门设定的区域性、行业性和部门间中介服务机构执业限制一律取消。严禁限额管理中介服务机构数量，营造服务高效、公平竞争、监督有力的中介服务市场。企业自主选择中介服务机构，政府部门不得强制指定或变相指定。依托政务服务网开发建设中介服务网上交易平台，中介服务机构“零门槛、零限制”入驻，实现网上展示、网上竞价、网上中标、网上评价。政府部门在审批过程中委托开展的技术性服务活动，必须通过竞争方式选择服务机构，服务费用一律由部门支付并纳入部门预算。强化中介服务监管，全面开展中介服务信用评价，建立健全中介服务机构退出机制。

（八）切实加强事中事后监管。改变重审批轻监管的行政管理方式，把更多行政资源从事前审批转到加强事中事后监管上来。按照权责对等、权责一致和“谁审批谁监管、谁主管谁监管”原则，厘清审批和监管权责边界，强化落实监管责任，健全工作会商、联合核验、业务协同和信息互通的审管衔接机制。以“双随机、一公开”为原则，积极推进综合监管和检查处罚信息公开。加快建立以信用承诺、信息公示为特点的新型监管机制，加强市场主体信用信息归集、共享和应用，推动全国信用信息共享平台向各级政府监管部门开放数据，并与政府审批服务、监管处罚等工作有效衔接。探索智慧监管、包容审慎监管，提高监管的公平性、规范性、简约性。联动推进行政审批制度改革、综合行政执法体制改革和社会信用体系建设，建立健全失信联合惩戒机制，实现“事前管标准、事中管检查、事后管处罚、信用管终身”。梳理行政处罚、行政强制、行政征收、行政检查等执法类职权事项，规范程序、行为和自由裁量权，推进严格公正规范文明执法。深入推进综合行政执法体制改革，整合各类执法机构、职责和队伍，大幅减少市县政府执法队伍种类，进一步推动力量下沉、重心下移。整合优化基层治理网格，实现“多网合一、一员多能”，提升基层监管执法能力。

三、组织实施

（一）加强组织领导。各级党委要高度重视深入推进审批服务便民化工作，切实履行领导责任，把这项工作列入重要议事日程，做好与地方机构改革统筹结合，研究重大问题，把握改革方向，蹄疾步稳扎实推进。各省、自治区、直辖市政府要制定本地区工作方案，细化分解任务，明确时间节点，层层压实责任，指导市县两级政府制定具体实施办法，将改革任务清单化、项目化，明确施工图、时间表、责任链，确保改革措施落地生效。

（二）做好上下结合。鼓励各地因地制宜大胆探索，形成各具特色经验做法，创造更多管用可行的“土特产”“一招鲜”。建立健全协作攻关机制，对不动产登记、市场准入、企业投资、建设工程、综合行政执法等重点领域改革事项和政务信息共享等重点难点问题，省市两级要组织力量进行集中攻关，尽快实现突破。中央和省级部门要主动服务基层，对不适应实践发展的法律法规和政策规定积极进行清理、修改和完善，为地方改革创新提供及时有效的制度支持。中央有关部门要及时总结经验，加强工作指导。

（三）抓好督查落实。严格责任落实，明确工作要求，做细做实各项工作，防止空喊口号、流于形式。按照“三个区分开来”原则，完善进一步激励广大干部担当作为的制度机制，对落实到位、积极作为的典型要通报表扬、给予奖励。严禁上级部门以考核评优、经费划拨、数据端口、印章效力等方式干预基层改革创新。将深入推进审批服务便民化的相关情况作为地方党政领导干部综合考核评价的重要参考，列入重点督查事项。协同推进政府职能转变和作风建设，适时开展督查督办和明察暗访，着力革除“管卡压”“推绕拖”和官僚主义、部门本位主义等“四风”新表现形式。对不作为的，抓住典型，严肃问责。

（四）强化宣传引导。充分利用报纸、广播、电视、网络、新媒体等载体宣传典型经验和做法，加大总结推广力度，促进相互学习借鉴提高。将改革宣传与信息公开、政策解读、社会监督等结合起来，多渠道听取企业群众意见建议。建立健全企业群众满意度评价机制，运用营商环境监测、电子监察、现场和在线评价、统计抽样调查、第三方评估等多种方式开展满意度调查。正确引导社会预期，积极回应社会关切，广泛凝聚社会共识，营造良好改革氛围。

附件：1. 浙江省“最多跑一次”经验做法

2. 江苏省“不见面审批”经验做法

3. 上海市优化营商环境经验做法

4. 湖北省武汉市“马上办网上办一次办”经验做法

5. 天津市滨海新区“一枚印章管审批”经验做法

6. 广东省佛山市“一门式一网式”经验做法

附件 1

浙江省“最多跑一次”经验做法

浙江省顺应新时代发展要求、回应人民群众期盼，在“四张清单一张网”改革基础上，推行“最多跑一次”改革。2017 年底“最多跑一次”事项覆盖 80% 办事事项，基本实现“最多跑一次是原则、跑多次为例外”，使人民群众得到了实实在在的获得感、幸福感、安全感。

一是推行“一窗受理、集成服务”。将各个部门在行政服务中心分散设置的服务窗口整合为综合受理窗口，建立“前台综合受理、后台分类审批、综合窗口出件”的全新工作模式，实现受理与办理相分离、办理与监督评价相分离。按照整体政府理念，以“一窗受理”为切入点，倒逼部门衔接管理制度、整合办事流程，推进部门协同作战、集成服务，推动群众办事从“找部门”向“找政府”转变。

二是梳理公布“最多跑一次”事项。以人民群众办好“一件事”为标准，以权力清单、公共服务事项清单为基础，全面梳理群众和企业到政府办事事项，按照事项名称、申请材料、办事流程和办理时限等“八统一”的要求，由省级各主管部门分别制定《群众和企业到政府办事事项主项和子项两级指导目录》，梳理制定全省统一规范的办事指南，建立动态调整机制。

三是推进便民服务、投资审批、市场准入等重点领域改革。推进不动产交易登记全流程“最多跑一次”。实行居民身份证、驾驶证、出入境证件等异地可办。以身份证为唯一标识推进便民服务类事项“一证通办”。推行全省社保信息和参保证明在线查询、全省就医一卡通和诊间结算。制定《各级各部门需要群众（企业）提供的证明事项目录》，推行“目录之外无证明”。建设投资项目在线审批监管平台2.0版，推动投资项目100%应用平台、100%系统打通、100%网上审批、100%网上申报。推进区域环评、区域能评，建设、人防、消防施工图“多审合一”，建筑工程“竣工测验合一”。推进企业投资项目承诺制改革和国有土地出让“标准地”改革。推行外贸、餐饮、住宿等20个领域“证照联办”和12个事项“多证合一、一照一码”等改革。对住所登记、经营范围登记和章程审查等工商登记重点环节，实行便利化改革。

四是建立“12345”统一政务咨询投诉举报平台。以设区的市为单位，除110、120、119等紧急类热线以外，将各部门非紧急类政务热线以及网上信箱等网络渠道整合，纳入12345统一政务咨询投诉举报平台统一管理，建立“统一接收、及时分流、按责转办、限时办结、统一督办、评价反馈、行政问责”的运行机制。

五是推进“最多跑一次”改革向事中事后监管延伸。建立综合行政执法局，集中行使基层专业技术要求不高的行政执法权，构建“部门专业执法+综合行政执法”的行政执法体系。全面推行“双随机、一公开”监管。构建覆盖企业、自然人、社会组织、事业单位和政府机构5类主体的公共信用评价、信用综合监管、信用联合奖惩3大信用监管体系。乡镇（街道）整合形成综治工作、市场监管、综合执法、便民服务4个功能性平台，承接“最多跑一次”改革在基层落地。

六是打破信息孤岛实现数据共享。加强“互联网+政务服务”顶层设计，运用系统工程方法论建设全省统一的政务服务网。加强一窗受理系统、部门业务办理系统、交换与共享系统3个审批服务子系统建设。按照受办分离要求，各地各部门受理群众办事申请，不论是网上办，还是在政务大厅办，都要先进入一窗受理系统，再转到各部门业务系统办理。

附件2

江苏省“不见面审批”经验做法

江苏省坚持问题导向，在完成省市县“三级四同”标准化权力清单基础上，全面推进“不见面审批”改革，推动形成“网上办、集中批、联合审、区域评、代办制、不见面”的办事模式，构建“不见面审批+强化监管服务+综合行政执法”新型管理体系，着力优化营商环境，切实增强企业和群众的改革获得感。

一是“网上办”。将65个省直部门和所有市县的政务网整合成全省统一的政务服务网，实现政务服务信息系统互联互通。2017年6月，江苏政务服务网正式上线运行，实现了省市县三级审批（服务）事项应上尽上。截至2017年底，省市县三级行政机关大部分审批服务事项都已经实现网上办理，变“面对面”为“键对键”。

二是“集中批”。按照“撤一建一”的原则，全省共有5个设区的市、17个县（市、区）、27个开发区成立了行政审批局，将市场准入、投资建设、复杂民生办事等领域的行政许可权划转至行政审批局行使，变多个主体批为一个主体批，实行“一枚印章管审批”。大力推行“3550”改革，即“3个工作日内开办企业、5个工作日内获得不动产登记、50个工作日内取得工业建设项目施工许可证”，打通投资建设领域审批中的“堵点”，解决群众不动产登记的“痛点”，最大限度利企便民，着力打造国际先进水平的营商环境。

三是“联合审”。在全省推广“五联合一简化”、“多评合一”、“网上联合审图”经验做法，大力推动可研报告、节能评估报告、社会稳定风险评估报告“三书合一”，变“接力跑”为“齐步走”，报告编制时间压缩2/3，支出费用减少60%。积极推动网上联合审图、电子踏勘等，实现“多图联审”的材料网上递转、网上审图、网上反馈、网上查询，全面开启了“线上受理、联合审图、集成服务、综合监管”的不见面审图新模式。

四是“区域评”。出台《以“区域能评、环评+区块能耗、环境标准”取代能评环评工作机制试点工作的方案》，在环评、能评、安评等方面，探索开展区域评估，取代区域内每个独立项目的重复评价，变“独立评”为“集中评”。在开发区统一编制地质灾害危险性评估、社会稳定风险评估、地下水水质监测等区域性评估报告，评估结果开发区内项目全部共享使用，通过政府买单、企业共享，节约了项目落地时间，减轻了企业负担。

五是“代办制”。在全省开发区、高新区、乡镇（街道）率先推行企业投资建设项目全程代办制度，提供“店小二”式专业化服务，由各地公布代办事项目录，组建专业化代办队伍，为企业提供无偿帮办服务，变“企业办”为“政府办”。

六是“不见面”。积极推行审批结果“两微一端”推送、快递送达、代办送达等服务模式。江苏邮政EMS快递服务已进驻全省121个政务服务中心，实现省市县三级政务服务中心全覆盖，变“少跑腿”为“不跑腿”。截至2017年底，全省各级政务服务中心寄送审批结果185万件。

附件3

上海市优化营商环境经验做法

上海市按照使市场在资源配置中起决定性作用和更好发挥政府作用的要求，持续加大营商环境改革力度，制定出台行动方案及十大专项行动计划，进一步深化“放管服”改革，持续优化营商环境，充分激发市场活力和社会创造力。

一是以“证照分离”改革试点为核心，着力打造宽松平等的市场准入环境。坚持“把该放的权放得更彻底、更到位”，不断深化“证照分离”改革试点，率先对116项审批事项进行分类改革，按照改革后的管理方式发放审批证件9万余件，将75项改革举措复制推广至全市，企业办事更加便捷高效，市场活力得到充分释放。持续加大行政审批等清理力度，最大限度减少政府对微观经济活动的干预，2013年以来取消调整行政审批等1941项、评估评审341项。稳步推进商事制度改革，率先开展企业名称登记改革试点，在全市实施企业简易注销登记改革，首创工业产品生产许可证“一企一证”改革。

二是以自贸试验区先行先试为引领，着力打造开放便利的投资贸易环境。对标国际最高标准、最好水平，在自贸试验区积极探索以“准入前国民待遇+负面清单”为核心的投资管理制度，建立符合高标准贸易便利化规则的贸易监管制度，建成覆盖9大功能板块、贯通23个口岸和贸易监管部门的国际贸易单一窗口。持续推进投资体制改革，进一步落实企业投资自主权，将不涉及国家规定实施准入特别管理措施的外商投资企业设立及变更备案事项全部下放，提高投资准入环节的便利程度。采取强化基础、提前介入、告知承诺、同步审批、会议协调、限时办结等举措，进一步优化产业项目审批流程，加快产业项目落地速度。

三是以“互联网+监管”新模式为突破，着力打造规范审慎的政府监管环境。按照“该管的要管得更科学、更高效”的要求，利用物联网、射频识别等信息技术，推进实施智能化监管，促进监管方式由传统模式向智能化、精准化转变。建立完善“两库一细则”，全面推行“双随机、一公开”监管，及时向社会公布抽查情况及查处结果。对67个行业、领域、市场探索实施诚信管理、分类监管、风险监管、联合惩戒、社会监督“五位一体”事中事后监管。发布包含225个新兴行业的新兴行业分类指导目录，对新产业、新业态、新模式等积极探索包容审慎监管，让监管更加行之有效，使市场活而不乱。

四是以“三个一批”改革为抓手，着力打造高效便捷的政务服务环境。紧紧围绕“服务要更精准、更贴心”，当好服务企业的“店小二”，开展当场办结、提前服务、当年落地“三个一批”改革，已在全市范围内对329项事项实施当场办结2000余万件，对19项事项实施提前服务9万余件，推动1425个项目实现当年落地。从政府管理入手全面推开政府效能建设，开展政府效能评估，对第一批90项事项实施行政协助。对保留的行政审批全面实施标准化管理，推进窗口服务规范化建设，不断提升网上办事服务水平，对205项事项实施网上预审当场受理或当场发证，每年通过网上预审当场受理60万余件、当场发证20万余件。

附件4

湖北省武汉市“马上办网上办一次办”经验做法

湖北省武汉市秉承以人民为中心的发展思想，坚持集成、智能、共享理念，深入实施审批服务“马上办网上办一次办”改革，积极营造高效、便捷、公开、透明的政务环境，努力打造全国审批服务最优的城市。

一是坚持需求导向，构建审批服务新模式。从企业和群众办事角度、服务需求出发，打造透明高效便捷的综合审批服务，切实解决企业和群众反映最强烈的办事难、办事慢、办事繁问题。将需要企业和群众“跑腿”的行政权力和政务服务事项，分类编制市、区、街道（乡镇）三级9653项“三办”事项清单，明确“马上办”事项4820项、“网上办”4306项、“一次办”7745项。出台行政审批事项服务指南编写规范、行政审批和政务服务事项通用目录，在全市推行同标准、无差别的标准化审批服务。按照“一事项一标准、一子项一编码、一流程一规范”的要求，对“三办”事项逐项编制标准化的办事指南和一次性告知书，通过政府网站、宣传手册等形式向社会公开。建立“三办”事项清单动态调整机制，不断扩大审批服务“三办”覆盖面，推动“一次办”向“马上办”、“马上办”向“网上办”、“网上办”向“不用办”迈进，不断扩大“零跑腿”事项范围。

二是力推集成服务，开辟提能增效新路径。以办好“一件事”为标准，推进机构、流程、信息“三个集成”，实现“进一个门、跑一个窗、上一个网”办理所有审批服务事项。市级审批主管部门全部设立行政审批处，15个区全部组建行政审批局，推进审批职责、机构、人员“三个全集中”，审批服务实现从物理集中向功能集成转变，实行“一个机构、一个窗口、一枚印章”管审批。按照一个流程办好“一件事”的标准，试行情景式审批。市、区政务服务中心综合设置审批服务窗口，构建前台一口受理、后台分类审批、限时办结出件、全程电子监察的闭环运行机制。打通投资审批绿色通道、不动产登记提速通道、证照数据共享通道、审批系统融合通道。市级审批服务办理时限平均每个事项压缩 10.6 天，申报材料平均减少 0.87 份。按照网上办事是常态、网下办事是例外的要求，优先推行“网上办”，构建全市统一的身份认证系统、统一的政府大数据中心。“云端武汉·政务服务大厅”已覆盖 15 个区政务服务大厅、171 个街镇政务服务中心，全市审批服务一个数据库、一朵政务云、一张政务服务网基本实现。

三是聚力改革创新，激活审批提速新动能。聚焦重点、难点和焦点问题，开展联合攻关，重点突破，打通企业和群众办事“最后一公里”。围绕服务招商引资，打造产业项目、政府投资、土地供应“三个绿色通道”，优化工业投资、政府投资、企业投资审批“三张流程图”，推行分段审、分时批工作机制。深化行政审批中介服务治理，建立涉审中介服务事项、收费、机构“三张清单”，市级审批中介服务事项由 77 项减为 41 项。开展“红顶中介”专项检查，实行中介机构服务质量星级评价。建立全市统一开放的行政审批服务机构名录库和网上服务平台，打造审批“中介超市”，实现“零门槛、零限制”入驻。鼓励各区、各部门推出各具特色改革措施，涌现了网上警局、电子证照包、市民一卡通、工商登记二十八证合一、智慧办税、全程免费代办帮办、“5+2”错时延时服务等创新措施，通过亮点示范，整体提升政务服务水平。

附件 5

天津市滨海新区“一枚印章管审批”经验做法

天津市滨海新区围绕“审批服务便利化、权力运行规范化”，不断推动体制机制创新，将分散在各部门的行政审批职能进行整合，全部划转到新组建的行政审批局，实行“一枚印章管审批”，切实提高审批服务效能的同时，倒逼各部门转变职能，将工作重心向强化事中事后监管转移，推动形成宽进严管工作新格局。

一是整合审批机构和职责。将新区政府 18 个部门的 216 项行政审批职能进行整合，全部划入行政审批局，废止了各部门的 109 枚审批印章，审批人员由600人减至109人。原来需要跑多个部门重复报批的事项，变成一个主体审批、一个窗口办理，减少了重复的审查环节和申报材料，实现审批服务由“物理集中”向“化学整合”转变。

二是优化审批服务流程。推行“一口受理、接办分离”改革。建立统一的受理中心，集中受理行政审批局办理的全部事项，变多类别分设的单项窗口为全项受理的综合窗口。推行企业设立“一窗登记、一号受理、一网通办”，落实“五证合一”“一照一码一章一票一备案”一天办结，再造建设项目联合审批流程，打破“马路警察、各管一段”的传统审批运行模式，对所有行政审批事项进行了要件梳理，简化不必要的审批环节和审批条件，使关联事项紧密连接、协同办理，实现了全链条、闭合式、整体性“车间式流水线”审批，大幅提高审批服务效率，平均办结时间仅为改革前的1/4。

三是开展标准化审批服务。以操作规程总则为指导，按照“一事项一标准、一流程一规范”原则，全面推进行政审批标准化，完善审批事项标准化操作规程，对审批要件和审批流程、审查标准、审批时限进行规范和细化，将审批标准固化在审批流程中，让审批行为留痕在固定轨道上，推进依法依规审批。按照一窗受理、内部流转、限时办结、统一发证的思路，编制工作手册和办事指南。组建帮办服务队伍，通过政府买单、无偿帮办的方式，全程、全面、全时高效为企业设立和项目审批提供方便快捷服务。推行行政审批非主审要件容缺后补制度，高效方便企业和群众办理审批服务事项。

四是完善审管衔接机制。研究制定《关于加强行政审批与事后监管协调联动工作的实施意见》，积极探索构建审批与监管协调运行审管互动信息交流、重点方面专项会商、审查员审核、观察员参与踏勘四项制度，实现了审批与监管即时衔接。建立“对应职能、即时推送、短信提醒、定期公告”的行政审批信息及结果推送制度，将办结审批事项及时发送至相应监管部门，审批结果接受行政主管部门实时监督，同时倒逼主管部门实施同步监督。推行守规承诺制，建立企业信用等级库，实行一张审批表、一份承诺书，让守信者一路畅通、失信者处处受限。建立向社会公告制度，通过审批局门户网站向社会及时公告，实现审批信息双推送的完整化。

五是强化审批服务监督。依托政府内网建立全过程留痕电子监察系统，开通服务对象外网跟踪查询功能，确保审批行为规范、协调、透明、高效。利用

"制度＋科技"固化审批流程，确保从受理、审核到办结、发证全过程公开透明，避免权力寻租，实现信息可追溯，强化了后台监督。加强纪检派驻监督，开通24小时服务热线，实行全天候24小时值守，无偿为企业提供业务咨询、项目审批和投诉建议等服务，接受社会监督。

附件6

广东省佛山市"一门式一网式"经验做法

广东省佛山市以"互联网＋"技术为支撑，打破部门层级界限、政务藩篱和信息孤岛，变多门为一门，变多窗为一窗，实现进一个门可办各种事、上一张网可享受全程服务的"一门式一网式"政务服务新模式。

一是持续简政放权，推行就近服务。出台《佛山市权责清单监督管理办法》，实行市、区、镇（街道）三级权责清单目录管理，全市各级各部门一张清单管理，管住审批服务改革的源头。按照应放尽放、能放都放的原则，85%的许可和公共服务事项、98%的业务均下沉到基层办理。建设全覆盖的政务服务体系，市、区、镇（街道）、村（居）四级建成787个行政服务中心（站），全市布设1567台自助服务终端，把服务的门开在群众的家门口。

二是推行行政审批标准化，实现无差别审批服务。市级统筹对市区两级56个系统1828项许可和公共服务事项编制办事指南和业务手册，细化365个标准要件，同时全面应用于综合窗口、审批部门、网上办事大厅。在统一审批服务标准基础上，对综合窗口人员实行标准化培训，使之从"单项运动员"向"全能运动员"转变。同时，制定前后台流转标准、数据对接标准、物料流转流程规范、诚信总则等，推动"一门式一网式"政务服务标准化、规范化运行，减少政务服务的主观性、随意性和差异性，基本实现"认流程不认面孔、认标准不认关系"的无差别服务。

三是实行一口受理、受审分离，强化部门业务协同。将过去按部门划分的专项窗口整合成民生、公安、注册登记、许可经营、投资建设、税务等六类综合窗口，推行一个综合窗口受理，群众办同一类事项不需再逐个窗口跑。综合窗口受理后，通过信息系统流转给部门审批，部门审核通过再统一反馈到综合窗口，由综合窗口发证，实现“一窗”综合政府服务。

四是加强业务协同配合，提升即办服务。出台《申请材料标准应用规范》《电子表单应用规范》，规范10460类材料，形成732个自然人表单和482个法人表单，建成电子材料库和电子表单系统。通过建立前后台对接机制、电子材料流转机制等，提高部门之间、上下级之间、前台与后台之间的协调配合。加大授权力度，简单事项由部门直接授权窗口办理，复杂事项推行电子签章和电子材料流转办理，综合窗口将材料电子化并通过系统流转给部门，部门根据电子材料作出“信任审批”，改变纸质材料流转费时费力的状况。

五是探索打破区域限制，不断拓展“同城通办”。按照标准统一、体验一致、跨界协同、运转高效的标准，进一步试点跨镇、跨区、跨市通办，减少企业和群众上下跑、两地跑的次数。实现区、镇（街道）行政服务大厅扁平化、同质化，区内任一大厅均可办理全区所有事项。同时首创广佛跨城通办，122个事项可与相邻的广州市荔湾区互办，满足“广佛候鸟”的办事需求。

六是加快数据共享，推行一网通办。探索整合电子政务职能，设立数据统筹机构。按照成本最小化、效益最大化的原则，竭力贯通系统之间的数据交换通道，变群众来回跑为部门协同办。将群众办事材料沉淀到信息系统，打造法人和自然人基础数据库，提高办事材料的复用率；将不同的业务申请表格整合到一张表，推行“一表通”，开发自助填表系统。群众办事较多的69个事项实现自助填表；将“一门式一网式”政务服务延伸到网上办事大厅、自助服务终端、12345热线，由综合窗口统一受理网厅和实体大厅的办件申请，形成网上办事为主、实体办事为辅、自助办事为补的政府服务新格局。

中央编办负责同志就深入推进审批服务便民化工作答记者问

2018年5月，中共中央办公厅、国务院办公厅印发了《关于深入推进审批服务便民化的指导意见》（以下简称《指导意见》）。中央编办负责同志就《指导意见》出台的背景、总体要求、改革任务等有关问题回答了记者提问。

问：请介绍一下《指导意见》出台的背景。

答：近些年来，地方各级党委政府认真贯彻落实中央决策部署和要求，聚焦企业和群众反映突出的“办事难、办事慢”“多头跑、来回跑”等问题，扎实推进政府职能转变和简政放权，探索了“最多跑一次”“不见面审批”“马上办网上办一次办”“一枚印章管审批”“一门式一网式”“一趟清”“极简审批”“‘不打烊’网上政府”等行之有效的措施办法和实践成果，极大地方便了企业和群众办事创业，有效降低了制度性交易成本，激发了市场活力和社会创造力，受到人民群众普遍欢迎。这些经验做法提法各不相同，但其实质在于坚持以人民为中心，针对直接面向企业和群众、依申请办理的行政审批和公共服务事项，通过减少事项、优化流程、精简材料、压缩时限和实行集中审批、集成服务、信息共享、网上通办等措施办法，切实提高办事效率，不断推动审批服务便民化，有效降低了制度性交易成本，优化了办事创业和营商环境。

总的看，地方改革亮点纷呈、各具特色，取得了积极成效，但与全面深化改革要求和人民群众期盼相比还有差距，特别是各地之间不太平衡，需要继续深化改革，进一步提升面上整体效应。

问：起草《指导意见》主要考虑有哪些？

答：在研究起草《指导意见》过程中，着重把握了4点：一是认真学习贯彻党的十九大和十九届二中、三中全会精神，以习近平新时代中国特色社会主义思想为指导，坚持以人民为中心的发展思想，将深入推进审批服务便民化作为深化党和国家机构改革的重要任务，纳入全面深化改革大局来统筹研究。二是牢牢把握审批服务便民化主题，多从基层和群众关心的问题找突破口和着力点，充分运用互联网技术和信息化手段推动审批服务方式创新，对水、电、气、热等公共事业也要大力推行便民化。三是将推广典型经验与推动面上改革结合起来，充分发挥典型经验的示范引领作用，对各地措施办法进行梳理分析，形成面上改革要求。四是坚持因地制宜、分类指导，在明确改革总体要求和主要任务基础上，压实地方党委、政府责任，确保改革落地生效。

问：《指导意见》总体要求是什么？

答：明确要深入贯彻落实党的十九大和十九届二中、三中全会精神，以习近平新时代中国特色社会主义思想为指导，加大转变政府职能和简政放权力度，以更快更好方便企业和群众办事创业为导向，围绕直接面向企业和群众、依申请办理的行政审批和公共服务事项，推动审批服务理念、制度、作风全方位深层次变革，着力打造“宽进、快办、严管、便民、公开”的审批服务模式，最大限度减少企业和群众跑政府的次数，不断优化办事创业和营商环境，切实增强政府公信力和执行力，推动政府治理体系和治理能力现代化，建设人民满意的服务型政府。同时，明确了坚持以人民为中心，坚持改革与法治辩证统一，坚持放管并重、放管结合，坚持体制创新与“互联网+”融合促进等原则要求。

问：《指导意见》确定的主要改革任务有哪些？

答：在总结归纳地方典型经验做法基础上，从8个方面提出了改革任务和具体要求：一是全面推行审批服务“马上办、网上办、就近办、一次办”。二是深入推进审批服务标准化。三是持续开展“减证便民”行动。四是大力推行审批服务集中办理。五是着力提升“互联网+政务服务”水平。六是创新便民利企审批服务方式。七是深化行政审批中介服务改革。八是切实加强事中事后监管。

问：如何做好与这次机构改革统筹结合？

答：中央明确要求，要把审批服务便民化作为深化党和国家机构改革的重要任务。如果说机构改革是“硬件”，那审批服务便民化就是“软件”的升级，两者必须衔接配置、相互促进，要把机构改革同深化简政放权、放管结合、优化服务结合起来，统筹推动审批服务便民化改革。特别是市县和乡镇（街道）都承担了大量直接面向企业和群众的基层管理和服务职责，要结合下一步地方机构改革，进一步整合审批、服务、执法等方面的力量和职能，综合设置机构，让群众办事“只进一扇门”，少跑几次路。

问：如何确保《指导意见》贯彻落实到位？

答：《指导意见》要求各级党委要高度重视深入推进审批服务便民化工作，切实履行领导责任，把这项工作列入重要议事日程，做好与地方机构改革统筹结合，研究重大问题，把握改革方向。各省、自治区、直辖市政府要制定工作方案，细化分解任务，层层压实责任，指导市县两级制定具体实施办法，确保改革措施落地生效。同时为总结推广地方典型经验，《指导意见》后附了浙江、江苏、上海、湖北武汉、天津滨海新区、广东佛山等6个典型案例，供各地学习借鉴。

国务院办公厅
关于进一步压缩企业开办时间的意见

2018年5月14日　　　　国办发〔2018〕32号

各省、自治区、直辖市人民政府，国务院各部委、各直属机构：

党中央、国务院高度重视优化营商环境、压缩企业开办时间工作。商事制度改革以来，我国企业开办便利度持续提升，企业开办时间不断压缩，促进了大众创业万众创新，激发了市场活力和社会创造力，但与世界先进水平相比仍有较大改善空间。为打造法治化、国际化、便利化的营商环境，促进经济可持续发展和高质量发展，经国务院同意，现就进一步压缩企业开办时间提出以下意见：

一、总体要求和工作目标

（一）总体要求。全面贯彻党的十九大和十九届二中、三中全会精神，坚持以习近平新时代中国特色社会主义思想为指导，牢固树立和贯彻落实新发展理念，按照2018年《政府工作报告》部署，深化“放管服”改革，坚持从实际出发，以企业和社会公众迫切希望解决的效率低、环节多、时间长等问题为重点，统一工作标准和工作要求，依法推进压缩企业开办时间工作，强化责任落实，提高服务效能，增加透明度和可预期性，提升办理企业开办事项的实际体验，进一步降低制度性交易成本、激发大众创业万众创新活力。

（二）工作目标。进一步简化企业从设立到具备一般性经营条件所必须办理的环节，压缩办理时间。2018年年底前，各直辖市、计划单列市、副省级城市和省会城市要将企业开办时间压缩一半以上，由目前平均20天减至8.5天（指工作日，下同）以内，其他地方也要积极压减企业开办时间，2019年上半年在全国实现上述目标。鼓励各地在立足本地实际、确保工作质量的前提下，进一步加大压缩企业开办时间工作力度。健全压缩企业开办时间工作长效机制和企业开办的制度规范，持续提升我国企业开办便利度。

二、主要任务和工作措施

（一）实施流程再造，大力推行“一窗受理、并行办理”。将申请人依次向各部门提交材料的传统办事流程，改造为一次提交、同步办理、信息共享、限时办结的“一窗受理、并行办理”流程。积极推进电子营业执照在“互联网+”环境下跨区域跨领域跨行业应用。依托本地区信息共享平台，实现市场监管、公安、税务、人力资源社会保障等部门间企业开办数据的共享交换，确保数据及时、完整、准确。

（二）简化企业登记程序，提升便利化水平。推进企业名称登记管理改革，扩大企业名称自主申报范围，除涉及前置审批事项或企业名称核准与企业设立登记不在同一机关外，企业名称不再实行预先核准，申请人可在办理企业登记时，以自主申报的企业名称一并办理。广泛推行企业登记全程电子化应用，努力提升无纸化、智能化程度。进一步精简企业登记文书表格材料。将办理企业设立登记的时间压缩至5天以内。

（三）将公章刻制备案纳入“多证合一”，提高公章制作效率。严格落实《国务院关于第三批取消中央指定地方实施行政许可事项的决定》（国发〔2017〕7号），取消公章刻制审批，实行公章刻制备案管理，并将其纳入“多证合一”改革涉企证照事项目录，由市场监管部门采集相关信息、推送至共享平台。各地应在办理企业登记事项的行政服务场所或者共享平台上公布公章制作单位目录，申请人自主选择公章制作单位。公章制作单位应在1天以内完成印章刻制，并按照规定向公安机关备案。严禁指定公章制作单位制作公章，严禁要求企业前往公安机关办理公章刻制备案。

（四）优化新办企业申领发票程序，压缩申领发票时间。税务部门要进一步落实《国务院办公厅关于加快推进“多证合一”改革的指导意见》（国办发〔2017〕41号），对已在登记机关领取加载统一社会信用代码营业执照的企业，不再单独进行税务登记，采用统一社会信用代码进行登记管理。进一步优化发票申领程序，压缩发票申领时间。将新办企业首次办理申领发票的时间压缩至2天以内。

（五）完善企业社会保险登记业务流程，提高参保登记服务效率。强化落实“多证合一、一照一码”改革效果，各级社保经办机构不再单独核发社会保险登记证，取消社会保险登记证的定期验证和换证制度，逐步采用统一社会信用代码进行登记管理。进一步完善数据共享和应用机制，做好企业社会保险登记和职工参保登记业务的衔接，推动职工参保登记业务网上办理，压缩办理时间，为企业提供更加便捷高效的登记服务。

三、组织保障和责任落实

（一）强化责任落实，统筹推进工作。国家市场监督管理总局作为压缩企业开办时间工作的牵头部门，要会同相关部门明确工作分工，加强协同配合。市场监督管理部门负责压缩企业登记办理时间，公安部门负责指导、规范压缩公章办理时间，税务部门负责压缩新办企业申领发票时间，人力资源社会保障部门负责完善企业社会保险登记业务流程。要依法明确统一的工作要求和规范，指导、推动工作落实。对于企业开办前后需要办理有关行政审批的，各部门要优化流程、简化手续、提高效率，加快解决“准入不准营”的问题。地方人民政府要落实主体责任，理顺工作机制，实施流程再造，统筹推进相关信息系统建设，确保完成工作目标。

（二）统一标准体系，依法开展工作。国家发展改革委、国家统计局负责构建全国统一标准的营商环境评价体系，以提升企业和社会公众的感受度、便利度为出发点，科学设定企业开办的评价指标和评价方法；选取北京、上海、广州、深圳等部分城市，针对企业开办等情况进行试评价，并逐步建立常态化评价机制，进一步完善长效机制。各地要积极配合，及时、准确、完整提供相关数据资料；要按照统一标准的评价体系积极依法开展工作，找问题、促整改，不断提升压缩企业开办时间工作效能。要及时推动相关法律法规修订完善，确保各项工作依法合规推进。

（三）加强宣传培训，提升服务水平。各地、各相关部门要采取多种形式，及时总结经验，加强政策解读和宣传引导。要强化企业开办事项培训，加强窗口建设，不断提升服务水平。通过提供网上智能咨询、热线电话咨询或设置专门咨询区域等方式加强辅导服务，设立自助服务区，提供网上办事设施和现场指导。

（四）加大监督检查力度，强化通报问责机制。要坚持放管结合、并重，强化事中事后监管，实行科学监管、精准监管，更好维护市场秩序，推动法治市场、诚信市场建设。国家市场监督管理总局要会同相关部门加强对压缩企业开办时间工作的指导协调，组织开展督促检查，跟踪工作进展，及时通报有关情况；对落实不力、造成严重不良影响的，要予以曝光并严肃问责；重大情况及时向国务院报告。国务院办公厅将适时组织开展督促检查。地方人民政府要及时制定完善本地区压缩企业开办时间的具体实施方案，明确任务、细化措施、抓好督促落实。

《关于进一步压缩企业开办时间工作的意见》政策解读

2018年5月2日，国务院总理李克强主持召开国务院常务会议，审议通过《关于进一步压缩企业开办时间工作的意见》（以下简称《意见》）。国务院新闻办公室5月4日举行国务院政策例行吹风会，请国家市场监督管理总局副局长马正其介绍《意见》有关情况，回答记者提问，并就相关政策问题进行了解读。

党的十八大以来我国商事制度改革取得历史性成就

党的十八大以来，在以习近平同志为核心的党中央坚强领导下，商事制度改革取得历史性成就。通过全面实行注册资本实缴改认缴、企业年检改年报、“先照后证”“多证合一”、全程电子化、“证照分离”试点等改革，为人民群众经商办企业，为“大众创业、万众创新”松了绑、解了绊，全社会投资创业热情持续高涨。

截至2018年3月16日，我国市场主体突破1亿户，日均新增市场主体4.44万户，其中：日均新增企业1.38万户，较改革前日均6900户增长了一倍，每千人企业数达到了22.23户，较改革前11.36户/千人增长了10.87户，世界银行发布的全球营商环境报告显示，与全球190个经济体相比，我国营商环境排名78位。其中，开办企业便利度2017年排在第93位，较2013年开办企业便利度上升了65位。这说明了我国商事制度改革取得了明显成效。

习近平等领导同志高度重视优化营商环境工作

习近平总书记、李克强总理高度重视优化营商环境工作，多次作出重要讲话，把优化营商环境作为建设现代化经济体系，促进高质量发展的重要基础。5月2日，李克强总理主持召开国务院第七次常务会议，研究进一步优化营商环境工作，审议通过《关于进一步压缩企业开办时间工作的意见》，即将以国务院办公厅文件印发。

会议明确要求，采取措施将企业开办时间和工程建设项目审批时间压减一半以上，进一步优化营商环境。李克强指出，落实中央经济工作会议部署和《政府工作报告》任务，深化"放管服"改革，解决营商环境中存在的企业开办和工程建设项目审批效率低、环节多、时间长等问题，有利于降低制度性交易成本、激发大众创业万众创新的活力，有利于缩小企业开办时间与世界先进水平的差距。"这不仅是市场主体反映强烈、迫切希望解决的问题，也是'放管服'改革的关键，事关经济结构转型升级和经济长期平稳健康发展的大局。""有关部门必须下大力气解决，该减必须减。"

2019年上半年全国实现企业开办时间8.5天目标

按照《意见》要求，进一步简化企业从设立到具备一般性经营条件所必须办理的环节，压缩办理时间。2018年年底前，各直辖市、计划单列市、副省级城市和省会城市要将企业开办时间压缩一半以上，由目前平均20天减至8.5天以内，2019年上半年，在全国实现8.5天目标。健全压缩企业开办时间工作长效机制，建立企业开办的制度规范，持续提升我国企业开办便利度。

实现国务院常务会议所定企业开办时间目标的六项措施

企业开办涉及的环节多、部门多、时间长，要实现国务院常务会议提出的目标，达到2018年36个城市和2019年全国实现8.5天，就要针对当前企业开办中存在的突出问题，深化改革，创新方式。主要有六项措施：

一是实施流程再造，大力推行"一窗受理、并行办理"，全程网上办理。

要求将申请人先后依次向各部门提交材料的传统办事流程，改造为一次提交、同步办理、信息共享、限时办结的“一窗受理、并行办理”流程。

二是优化企业登记程序，提升便利化水平。今年将扩大企业名称自主申报范围，推广企业登记全程电子化应用，精简文书表格材料，将办理企业设立登记时间压缩至5天内。

三是将公章刻制备案纳入“多证合一”，提高公章制作效率。要求公章制作单位应在1天内完成印章刻制，并按照规定向公安机关备案。

四是优化新办企业申领发票程序，压缩申领发票时间。要求将新办企业首次办理申领发票的时间压缩至2天内。

五是完善企业社会保险登记业务流程，提高参保登记服务效率。要求做好企业社会保险登记和职工参保登记业务的衔接，推行网上办理。

六是强化责任落实，统筹推进工作。市场监管、公安、税务等各有关部门要分工负责、协同配合，要依法明确统一的工作要求和规范，指导、推动工作落实。地方人民政府要发挥主导作用，理顺工作机制，统筹推进相关信息系统建设，确保完成工作目标。

这次压缩企业开办时间仅仅解决了一般性的经营主体问题，对于企业开办前后需要行政审批的，下一步将通过在全国推开“证照分离”改革，重点是照后减证，各类证能减尽减、能合则合，着力解决市场主体“办照容易办证难”“准入不准营”等突出问题，加快营造稳定公平透明可预期的营商环境。

目前，国家市场监管总局正按照国务院常务会议的部署，加强与相关部门的协同配合，指导各地做好工作，强化责任落实，切实让各项举措“落地生根”，为市场主体添活力，为人民群众增便利。

压缩企业开办时间将带来极大社会效益和经济效益

党中央、国务院高度重视优化营商环境工作，把优化营商环境作为建设现代化经济体系，促进高质量发展的重要基础。企业开办是世界银行评价一个经济体营商环境的重要指标，虽然我国企业开办便利度有很大提高，但与世界先进水平还有较大差距。开展压缩企业开办时间工作，将带来极大的社会效益和经济效益。

一是将持续优化我国的营商环境。我国经济已由高速增长阶段转向高质量发展阶段，实现高质量发展，改善营商环境十分关键。营商环境好，微观市场主体才有活力，经济才有创新力和竞争力。压缩企业开办时间要紧密围绕企业开办环节，如办理时间，努力达到世界先进水平，这必将持续提升我国营商环境国际化便利化水平，极大地促进我国现代化经济体系建设，更好地推动经济发展质量变革、效率变革、动力变革。

二是将满足人民群众对市场准入便利化改革的新期待、新需求。党的十八大以来，商事制度改革取得了历史性成就，企业办事成本大幅降低，创新创业活力得到极大释放，人民群众的满意度明显提高。但是，开办企业不仅需要办理营业执照，还要刻制公章、购买发票、社保登记等，环节多，时间长。人民群众迫切希望政府部门继续优化办事流程、简化办事手续、提高办事效率。压缩企业开办时间，可以使企业以最便捷的方式、最小的成本、最短的时间，快速进入市场，人民群众经商办企业将更加方便快捷，有利于极大地激发市场活力，促进就业创业和民生的改善，增强广大人民群众对改革的获得感。

三是将进一步推进政府职能转变，提升政府服务水平。企业开办涉及部门多、环节多，压缩企业开办时间是深入推进“放管服”改革的重要抓手。压缩企业开办时间通过将市场监管部门、公安部门、税务部门等办事机构进行流程再造，实行“一窗受理、并行办理”，将过去需要到多个部门多次提交材料的办事流程，改造成在一个平台，一次提交数据、业务协同办理、结果实时共享的并行办理流程，形成“互联网+政务服务”新的服务模式，有力地促进政府部门简化办事程序，提高办事效率，强化事中事后监管，真正把政府职能转到创造良好发展环境、提供优质公共服务和维护社会公平正义上来。

企业开办时间压缩到8.5天的基本考虑

去年，世界银行将我国企业开办所需环节评定为7个，时间为22.9天，即：企业名称预先核准耗时约1天、申请办理营业执照耗时约7天、申请制作企业公章许可耗时约1-2天、制作企业公章耗时约1-2天、申请购买发票耗时约10天、登记招聘文件耗时约1天、社保登记耗时约1天，总计企业开办平均时间为22.9天。

通过深化“多证合一”改革，目前已将申请制作企业公章许可取消，纳入“多证合一”框架内。登记招聘文件和社保登记不是企业开办的必经环节。

这次国务院常务会议审议通过的《意见》，着力在减少环节上下功夫，压缩企业开办时间重点围绕企业登记、印章制作和申领发票3个必备环节开展压缩时间工作。

企业开办时间就是这3个环节所需时间之和，分别是企业登记（名称预核与设立登记合并办理，5个工作日内）、印章制作（1个工作日内）、申领发票（不超过2个工作日）。

政府加强事中事后监管工作的三条举措

习近平总书记讲放管并重，这样才能保证可持续、可长远。李克强总理讲“放”“管”两个轮子都要做圆。这些年来坚持放管并重，一方面加快商事制度改革“放”的步伐，让遵纪守法的、规规矩矩的绝大多数企业便捷营商。另一方面坚持严管。这些年来在“管”上采取了很多措施，归结起来主要有三条：

第一条是企业自律。政府搭建一个公开阳光的平台，让所有企业能够做到依法、诚信、自律。这就是我国现在已经建成的国家企业信用信息公示系统“全国一张网”，这张网就是一张公开透明的企业信用榜，企业的表现、历史数据、信用纪录一目了然，可以有效督促企业依法、诚信、自律、自觉。

第二条是政府监管。这次组建国家市场监管总局，把所有的行政、市场监管相对集中在一个部门，就是为了强化政府的监管。

第三条是社会监督。社会监督力量是无穷的，群众力量是无限的，国家企业信用信息公示系统这张网就是为了加大社会对企业的监督。目前全国3000多万户企业，它们的登记注册信息、行政许可信息、行政处罚信息、违法失信“黑名单”信息都通过这张网记入企业名下并对社会公示，这样就会起到促进企业自律的效果。同时，通过信息共享，银行、环保等各个政府部门对违法失信企业实施联合惩戒，社会公众也根据“一张网”上公示的企业信用信息决定是否和这家企业进行交易。

企业自律、政府监管、社会监督“三管齐下”加强监管，是加快商事制度改革，加强政府事中事后监管工作，推进《意见》落实的重要措施。

“一窗受理、并行办理”是压缩企业开办时间的创新模式

要解决压缩企业开办时间问题，就要创新工作模式。“一窗受理、并行办理”模式的实质就是再造业务流程、简化办事环节、压缩办理时间。

具体来说，就是将申请人先后依次向各部门提交材料的传统办事流程，再造为一次提交、同步办理、信息共享、限时办结的“一窗受理、并行办理”流程模式。地方人民政府要大力推行“一窗受理、并行办理”办事模式，改变部门分头各自办理业务的现状，切实提升企业办事的体验度。

要依托强有力的信息化手段，实现企业开办事项相关数据的共享交换。相关部门收到信息后即可同时启动业务办理流程，业务办结后通过信息平台进行共享。有条件的地方可在涉及企业开办的行政服务场所，设立登记机关、公安机关、税务机关集中办事的企业开办大厅或专区，更加便利企业办事。

《意见》将有益于国外和港澳台投资企业

这几年来，内资企业的注册登记发展速度很快。外资发展速度也是可以的，港澳台在大陆登记的企业也是增长的。推出企业开办时间 8.5 天的措施，不仅对中国大陆的企业，对港澳台来大陆投资的企业，也包括境外和国外来中国投资的企业，都适应这个政策。现在内资外资在法律政策上是平等的。

《意见》的相关措施推出以后，对国外在中国投资的企业，对港澳台在大陆投资的企业，肯定都是同样有益的，相信申办企业的数量也会增加。

中央政法委　最高人民法院　司法部
民政部　财政部　人力资源和社会保障部
关于加强人民调解员队伍建设的意见

（2018年4月27日）

为认真落实党的十九大精神，深入贯彻党的十八届四中全会关于发展人民调解员队伍的决策部署，全面贯彻实施人民调解法，现就加强人民调解员队伍建设提出如下意见。

一、充分认识加强人民调解员队伍建设的重要意义

人民调解是在继承和发扬我国民间调解优良传统基础上发展起来的一项具有中国特色的法律制度，是公共法律服务体系的重要组成部分，在矛盾纠纷多元化解机制中发挥着基础性作用。人民调解员是人民调解工作的具体承担者，肩负着化解矛盾、宣传法治、维护稳定、促进和谐的职责使命。加强人民调解员队伍建设，对于提高人民调解工作质量，充分发挥人民调解维护社会和谐稳定"第一道防线"作用，推进平安中国、法治中国建设，实现国家治理体系与治理能力现代化具有重要意义。党中央、国务院历来高度重视人民调解工作。党的十八大以来，习近平总书记多次对人民调解工作作出重要指示批示，为做好人民调解工作和加强人民调解员队伍建设指明了方向。广大人民调解员牢记使命、扎根基层、无私奉献，积极开展矛盾纠纷排查调解工作，切实把矛盾纠纷化解在基层，消除在萌芽状态，为维护社会和谐稳定、服务保障和改善民生作出了积极贡献。当前，中国特色社会主义进入新时代。社会主要矛盾已经转化为人民日益增长的美好生活需要和不平衡不充分的发展之间的矛盾。人民不仅对物质文化生活提出了更高要求，而且在民主、法治、公平、正义、安

全、环境等方面的要求日益增长。党的十九大强调，要加强预防和化解社会矛盾机制建设，正确处理人民内部矛盾。这些都对人民调解、行业专业调解和调解员队伍建设提出了新的更高要求。各地各有关部门一定要充分认识加强人民调解员队伍建设的重要性、紧迫性，切实增强责任感和使命感，采取有效措施，大力推进人民调解员队伍建设，不断提高人民调解工作水平，全力维护社会和谐稳定。

二、加强人民调解员队伍建设的指导思想和基本原则

（一）指导思想

深入贯彻落实党的十九大精神，坚持以习近平新时代中国特色社会主义思想为指导，按照“五位一体”总体布局和“四个全面”战略布局，全面贯彻实施人民调解法，优化队伍结构，着力提高素质，完善管理制度，强化工作保障，努力建设一支政治合格、熟悉业务、热心公益、公道正派、秉持中立的人民调解员队伍，为平安中国、法治中国建设作出积极贡献。

（二）基本原则

——坚持党的领导。认真贯彻落实中央关于人民调解工作的决策部署，确保人民调解员队伍建设的正确方向。

——坚持依法推动。贯彻落实人民调解法、民事诉讼法等法律规定，不断提高人民调解员队伍建设的规范化、法治化水平。

——坚持择优选聘。按照法定条件和公开公平公正的原则，吸收更多符合条件的社会人士和专业人员参与人民调解工作。

——坚持专兼结合。在积极发展兼职人民调解员队伍的同时，大力加强专职人民调解员队伍建设，不断优化人民调解员队伍结构。

——坚持分类指导。根据各地实际情况和专兼职人民调解员队伍的不同特点，完善管理制度，创新管理方式，不断提高人民调解工作质量。

三、加强人民调解员队伍建设的主要任务

（一）认真做好人民调解员选任工作

1. 严格人民调解员选任条件。人民调解员由人民调解委员会委员和人民调解委员会聘任的人员担任，既可以兼职，也可以专职。人民调解员应由公道正派、廉洁自律、热心人民调解工作，并具有一定文化水平、政策水平和法律

知识的成年公民担任。乡镇（街道）人民调解委员会的调解员一般应具有高中以上学历，行业性、专业性人民调解委员会的调解员一般应具有大专以上学历，并具有相关行业、专业知识或工作经验。

2. 依法推选人民调解委员会委员。人民调解委员会委员通过推选产生。村民委员会、社区居民委员会的人民调解委员会委员由村民会议或者村民代表会议、居民会议或者居民代表会议推选产生。企业事业单位设立的人民调解委员会委员由职工大会、职工代表大会或者工会组织推选产生。乡镇（街道）人民调解委员会委员由行政区域内村（居）民委员会、有关单位、社会团体、其他组织推选产生。行业性、专业性人民调解委员会委员由有关单位、社会团体或者其他组织推选产生。人民调解委员会委员任期届满，应及时改选，可连选连任。任期届满的原人民调解委员会主任应向推选单位报告工作，听取意见。新当选的人民调解委员会委员应及时向社会公布。

3. 切实做好人民调解员聘任工作。人民调解委员会根据需要可以聘任一定数量的专兼职人民调解员，并颁发聘书。要注重从德高望重的人士中选聘基层人民调解员。要注重选聘律师、公证员、仲裁员、基层法律服务工作者、医生、教师、专家学者等社会专业人士和退休法官、检察官、民警、司法行政干警以及相关行业主管部门退休人员担任人民调解员，不断提高人民调解员的专业化水平。要积极发展专职人民调解员队伍，行业性、专业性人民调解委员会应有3名以上专职人民调解员，乡镇（街道）人民调解委员会应有2名以上专职人民调解员，有条件的村（居）和企事业单位人民调解委员会应有1名以上专职人民调解员，派驻有关单位和部门的人民调解工作室应有2名以上专职人民调解员。

（二）明确人民调解员职责任务

4. 人民调解员的职责任务。积极参与矛盾纠纷排查，对排查发现的矛盾纠纷线索，采取有针对性的措施，预防和减少矛盾纠纷的发生；认真开展矛盾纠纷调解，在充分听取当事人陈述和调查了解有关情况的基础上，通过说服、教育、规劝、疏导等方式方法，促进当事人平等协商、自愿达成调解协议，督促当事人及时履行协议约定的义务，人民调解员对当事人主动申请调解的，无正当理由不得推诿不受理；做好法治宣传教育工作，注重通过调解工作宣传法律、法规、规章和政策，教育公民遵纪守法，弘扬社会公德、职业道德和家庭美德；发现违法犯罪以及影响社会稳定和治安秩序的苗头隐患，及时报告辖区公安机关；主动向所在的人民调解委员会报告矛盾纠纷排查调解情况，认真做好纠纷登记、调解统计、案例选报和文书档案管理等工作；自觉接受司法行政部门指导和基层人民法院业务指导，严格遵守人民调解委员会制度规定，积极参加各项政治学习和业务培训；认真完成司法行政部门和人民调解委员会交办的其他工作任务。

（三）加强人民调解员思想作风建设

5. 加强思想政治建设。组织广大人民调解员认真学习宣传贯彻党的十九大精神，坚持以习近平新时代中国特色社会主义思想武装头脑、指导工作。教育引导人民调解员牢固树立政治意识、大局意识、核心意识、看齐意识，自觉在思想上政治上行动上同以习近平同志为核心的党中央保持高度一致。加强人民调解员职业道德教育，深入开展社会主义核心价值观和社会主义法治理念教育，弘扬调解文化，增强人民调解员的社会责任感和职业荣誉感。

6. 加强纪律作风建设。完善人民调解员行为规范，教育人民调解员严格遵守和执行职业道德和工作纪律，树立廉洁自律良好形象，培养优良作风。建立投诉处理机制，及时查处人民调解员违法违纪行为，不断提高群众满意度。

7. 加强党建工作。党员人民调解员应积极参加所属党支部的组织生活，加强党性修养，严守党员标准，自觉接受党内外群众的监督，发挥党员在人民调解工作中的先锋模范作用。支持具备条件的人民调解委员会单独建立党组织，落实基层党建基本制度，严格党内政治生活，突出政治功能，发挥战斗堡垒作用。

（四）加强人民调解员业务培训

8. 落实培训责任。开展人民调解员培训是司法行政部门的重要职责。要坚持分级负责、以县（市、区）为主，加大对人民调解员的培训力度。县（市、区）司法行政部门主要负责辖区内人民调解委员会主任、骨干调解员的岗前培训和年度培训，指导和组织司法所培训辖区内人民调解员；市（地、州）司法行政部门主要负责辖区内大中型企业、乡镇（街道）和行业性、专业性人民调解委员会主任、骨干调解员的岗前培训和年度培训；省（区、市）司法行政部门负责制定本地区人民调解员培训规划，组织人民调解员骨干示范培训，建立培训师资库；司法部负责组织编写培训教材，规范培训内容，开展人民调解员师资培训。司法行政部门要积极吸纳律师、公证员、司法鉴定人、专职人民调解员等作为培训师资力量，提高培训质量和水平。基层人民法院要结合审判工作实际和人民调解员队伍状况，积极吸纳人民调解委员会进入人民法院特邀调解组织名册，通过委派调解、委托调解，选任符合条件的人民调解员担任人民陪审员，加强司法确认工作等灵活多样的形式，加大对人民调解员进行业务培训的力度。

9. 丰富培训内容和形式。司法行政部门和人民调解员协会要根据本地和行业、专业领域矛盾纠纷特点设置培训课程，重点开展社会形势、法律政策、职业道德、专业知识和调解技能等方面的培训。创新培训方式和载体，采取集中授课、研讨交流、案例评析、实地考察、现场观摩、旁听庭审、实训演练等形式，提高培训的针对性、有效性。顺应“互联网 +”发展趋势，建立完善人民调解员网络培训平台，推动信息技术与人民调解员培训深度融合。依托有条件的高校、培训机构开展培训工作，开发人民调解员培训课程和教材，建立完善人民调解员培训质量评估体系。

（五）加强对人民调解员的管理

10. 健全管理制度。人民调解委员会应当建立健全人民调解员聘用、学习、培训、考评、奖惩等各项管理制度，加强对人民调解员的日常管理。建立人民调解员名册制度，县（市、区）司法行政部门定期汇总人民调解员基本信息，及时向社会公开并通报人民法院，方便当事人选择和监督。建立岗位责任和绩效评价制度，完善评价指标体系。

11. 完善退出机制。人民调解员调解民间纠纷，应当坚持原则、明法析理、主持公道。对偏袒一方当事人，侮辱当事人，索取、收受财物或者牟取其他不正当利益，或泄露当事人的个人隐私、商业秘密的人民调解员，由其所在的人民调解委员会给予批评教育、责令改正；情节严重的，由推选或者聘任单位予以罢免或者解聘。对因违法违纪不适合继续从事调解工作；严重违反管理制度、怠于履行职责造成恶劣社会影响；不能胜任调解工作；因身体原因无法正常履职；自愿申请辞职的人民调解员，司法行政部门应及时督促推选或者聘任单位予以罢免或者解聘。

（六）积极动员社会力量参与人民调解工作

12. 发动社会力量广泛参与。切实发挥村（居）民小组长、楼栋长、网格员的积极作用，推动在村（居）民小组、楼栋（院落）等建立纠纷信息员队伍，帮助了解社情民意，排查发现矛盾纠纷线索隐患。发展调解志愿者队伍，积极邀请“两代表一委员”（党代表、人大代表、政协委员）、“五老人员”

（老党员、老干部、老教师、老知识分子、老政法干警）、专家学者、专业技术人员、城乡社区工作者、大学生村官等参与矛盾纠纷化解。充分发挥律师、公证员、司法鉴定人、基层法律服务工作者、法律援助工作者等司法行政系统资源优势，形成化解矛盾纠纷工作合力。

13. 建立人民调解咨询专家库。县级以上司法行政部门可以根据调解纠纷需要，会同相关行业主管部门设立人民调解咨询专家库，由法学、心理学、社会工作和相关行业、专业领域的专业人员组成，相关专家负责向人民调解委员会提供专家咨询意见和调解建议。人民调解咨询专家库可以是包含多领域专业人才的区域性综合型专家库，也可以是某一特定行业、专业领域的专家库。

（七）强化对人民调解员的工作保障

14. 落实人民调解员待遇。地方财政根据当地经济社会发展水平和财力状况，适当安排人民调解员补贴经费。人民调解员补贴经费的安排和发放应考虑调解员调解纠纷的数量、质量、难易程度、社会影响大小以及调解的规范化程度。补贴标准由县级以上司法行政部门商同级财政部门确定，明令禁止兼职取酬的人员，不得领取人民调解员补贴。对财政困难地区，省级要统筹现有资金渠道，加强人民调解工作经费保障。人民调解委员会设立单位和相关行业主管部门应依法为人民调解员开展工作提供场所、设施等办公条件和必要的工作经费。省（区、市）司法行政部门或人民调解员协会应通过报纸、网络等形式，每半年或一年向社会公开人民调解经费使用情况和工作开展情况，接受社会监督。

15. 通过政府购买服务推进人民调解工作。司法行政部门应当会同有关部门做好政府购买人民调解服务工作，完善购买方式和程序，积极培育人民调解员协会、相关行业协会等社会组织，鼓励其聘请专职人民调解员，积极参与承接政府购买人民调解服务。

16. 落实人民调解员抚恤政策。司法行政部门应及时了解掌握人民调解员需要救助的情况，协调落实相关政策待遇。符合条件的人民调解员因从事调解工作致伤致残，生活发生困难的，当地人民政府应当按照有关规定提供必要的医疗、生活救助；在人民调解工作岗位上因工作原因死亡的，其配偶、子女按照国家规定享受相应的抚恤等相关待遇。探索多种资金渠道为在调解工作中因工作原因死亡、伤残的人民调解员或其亲属提供帮扶。

17. 加强对人民调解员的人身保护。人民调解员依法调解民间纠纷，受到非法干涉、打击报复或者本人及其亲属人身财产安全受到威胁的，当地司法行政部门和人民调解员协会应当会同有关部门采取措施予以保护，维护其合法权益。探索建立人民调解员人身保障机制，鼓励人民调解委员会设立单位和人民调解员协会等为人民调解员购买人身意外伤害保险等。

四、加强对人民调解员队伍建设的组织领导

（一）加强组织领导

司法行政机关负责指导人民调解工作，要把人民调解员队伍建设摆上重要位置，列入重要议事日程，切实加强指导。要主动向党委和政府汇报人民调解工作，积极争取有关部门重视和支持，着力解决人民调解员开展工作遇到的困难和问题。要完善相关制度，提高人民调解员队伍管理水平。人民调解员协会要发挥行业指导作用，积极做好对人民调解员的教育培训、典型宣传、权益维护等工作，加强对人民调解员队伍的服务和管理。

（二）落实部门职责

各有关部门要明确自身职责，加强协调配合，共同做好人民调解工作。各级政法委要将人民调解员队伍建设纳入综治工作（平安建设）考核评价体系。人民法院要通过各种形式，加强对人民调解员调解纠纷的业务指导，提高人民调解工作水平。财政部门要落实财政保障责任，会同司法行政部门确定经费保障标准，建立动态调整机制。民政部门要对符合条件的人民调解员落实相关社会救助和抚恤政策，会同人力资源社会保障部门把符合条件的人民调解员纳入社会工作专业人才培养和职业水平评价体系。各相关行业主管部门要从各方面对人民调解员开展工作提供支持和保障。

（三）加强表彰宣传

认真贯彻落实人民调解法，加大对人民调解员的表彰力度，对有突出贡献的人民调解员按照国家有关规定给予表彰奖励。要充分运用传统媒体和网络、微信、微博等新媒体，积极宣传人民调解工作典型人物和先进事迹，扩大人民调解工作社会影响力，增强广大人民调解员的职业荣誉感和自豪感，为人民调解员开展工作创造良好社会氛围。

各地要结合实际，按照本意见精神制定具体实施意见。

“布衣法官”的制度保障

——司法部有关负责人详解《关于加强人民调解员队伍建设的意见》

人民调解员又被称为不穿法袍的编外“布衣法官”，他们肩负着化解矛盾、维护稳定、促进和谐的职责使命。2018 年 4 月，中央政法委、最高人民法院、司法部、民政部、财政部、人力资源和社会保障部印发了《关于加强人民调解员队伍建设的意见》（以下简称《意见》）。为何制定出台这个《意见》?《意见》将采取哪些措施来提高人民调解员队伍素质?《意见》对加强人民调解员工作保障提出哪些要求？司法部有关负责人对此进行了详细解答。

问：制定出台《意见》的背景和意义是什么？

答：人民调解是一项具有中国特色的法律制度，在矛盾纠纷多元化解机制中发挥着基础性作用。人民调解员是人民调解工作的具体承担者，肩负着化解矛盾、宣传法治、维护稳定、促进和谐的职责使命。目前，全国共有人民调解委员会 76.6 万个，每年化解矛盾纠纷 900 万件左右。长期以来，广大人民调解员牢记使命、扎根基层、无私奉献，积极开展矛盾纠纷排查调解工作，切实把矛盾纠纷化解在基层，消除在萌芽状态，为维护人民群众合法权益、维护社会和谐稳定、服务经济社会发展作出了积极贡献。《意见》的出台，对于提高人民调解工作质量，充分发挥人民调解维护社会和谐稳定“第一道防线”作用，推进平安中国、法治中国建设，实现国家治理体系与治理能力现代化具有重要意义。

问：《意见》提出要优化人民调解员队伍结构，请问有哪些具体措施？

答：随着经济社会发展，人民调解工作范围不断扩大，已经从婚姻家庭、邻里等传统矛盾纠纷向医疗、道路交通、劳动争议、物业等行业专业领域拓展，这些矛盾纠纷类型多样、专业性强，需要有一支专业化的人民调解员队伍。对此，《意见》要求，注重选聘律师、公证员、仲裁员、基层法律服务工作者、医生、教师、专家学者等社会专业人士和退休法官、检察官、民警、司法行政干警以及相关行业主管部门退休人员担任人民调解员，不断提高人民调解员的专业化水平。同时《意见》还要求大力发展专职人民调解员队伍，对各类人民调解委员会专职人民调解员配备提出数量要求。其中，行业性、专业性人民调解委员会应有 3 名以上专职人民调解员，乡镇（街道）人民调解委员会应有 2 名以上专职人民调解员，有条件的村（居）和企事业单位人民调解委员会应有 1 名以上专职人民调解员，派驻有关单位和部门的人民调解工作室应有 2 名以上专职人民调解员。

问：新时代新任务对人民调解员能力和水平提出更高要求，《意见》采取哪些措施来提高人民调解员队伍素质？

答：《意见》从加强人民调解员思想作风建设和业务培训两个方面对提高人民调解员队伍素质提出了要求。《意见》强调，要加强人民调解员思想政治建设、纪律作风建设和党的建设。《意见》对各级司法行政部门和基层人民法院的培训责任提出了要求，明确坚持分级负责、以县（市、区）为主，加大对人民调解员的培训力度。在培训内容方面，重点开展社会形势、法律政策、职业道德、专业知识和调解技能等方面的培训。在培训形式方面，采取集中授课、研讨交流、案例评析、实地考察、现场观摩、旁听庭审、实训演练等形式，提高培训的针对性、有效性。同时要求，依托有条件的高校、培训机构开展培训工作，开发人民调解员培训课程和教材，建立完善人民调解员培训质量评估体系。

问：《意见》对加强人民调解员的管理作出哪些规定？

答：《意见》明确要求，根据各地实际情况和专兼职人民调解员队伍的不同特点，完善管理制度，创新管理方式，不断提高管理水平。在健全管理制度方面，《意见》强调，人民调解委员会应当建立健全人民调解员聘用、学习、培训、考评、奖惩等各项管理制度，加强对人民调解员的日常管理。建立人民调解员名册制度，县（市、区）司法行政部门定期汇总人民调解员基本信息，及时向社会公开并通报人民法院，方便当事人选择和监督。建立岗位责任和绩效评价制度，完善评价指标体系。在完善退出机制方面，《意见》要求，对偏袒一方当事人，侮辱当事人，索取、收受财物或者牟取其他不正当利益，或泄露当事人的个人隐私、商业秘密的人民调解员，由其所在的人民调解委员会给予批评教育、责令改正；情节严重的，由推选或者聘任单位予以罢免或者解聘。对发生因违法违纪不适合继续从事调解工作；严重违反管理制度、怠于履行职责造成恶劣社会影响；不能胜任调解工作等情形时，司法行政部门应及时督促推选或者聘任单位予以罢免或者解聘。

问：《意见》对加强人民调解员工作保障提出哪些要求？

答：做好人民调解工作，需要人民调解员的无私奉献，也需要党委、政府的大力支持、有力保障。人民调解委员会调解民间纠纷，不收取任何费用。对人民调解工作所需经费给予必要的支持和保障，是各级政府的法定责任。为强化政府的保障责任，《意见》明确，地方财政根据当地经济社会发展水平和财力状况，适当安排人民调解员补贴经费，补贴标准由县级以上司法行政部门商同级财政部门确定。对财政困难地区，省级要统筹现有资金渠道，加强人民调解工作经费保障。同时，对设立单位的保障责任，《意见》要求，人民调解委员会设立单位和相关行业主管部门应依法为人民调解员开展工作提供场所、设施等办公条件和必要的工作经费。为依法落实人民调解员抚恤政策，《意见》要求，司法行政部门应及时了解掌握人民调解员需要救助的情况，协调落实相关政策待遇。为加强人民调解员的人身保护，《意见》强调，当地司法行政部门和人民调解员协会应当会同有关部门采取措施予以保护，维护其合法权益。

中共中央办公厅　国务院办公厅
印发《地方党政领导干部安全生产责任制规定》

（2018 年 4 月 18 日）

第一章　总　则

第一条　为了加强地方各级党委和政府对安全生产工作的领导，健全落实安全生产责任制，树立安全发展理念，根据《中华人民共和国安全生产法》、《中华人民共和国公务员法》等法律规定和《中共中央、国务院关于推进安全生产领域改革发展的意见》、《中国共产党地方委员会工作条例》、《中国共产党问责条例》等中央有关规定，制定本规定。

第二条 本规定适用于县级以上地方各级党委和政府领导班子成员（以下统称地方党政领导干部）。

县级以上地方各级党委工作机关、政府工作部门及相关机构领导干部，乡镇（街道）党政领导干部，各类开发区管理机构党政领导干部，参照本规定执行。

第三条 实行地方党政领导干部安全生产责任制，必须以习近平新时代中国特色社会主义思想为指导，切实增强政治意识、大局意识、核心意识、看齐意识，牢固树立发展决不能以牺牲安全为代价的红线意识，按照高质量发展要求，坚持安全发展、依法治理，综合运用巡查督查、考核考察、激励惩戒等措施，加强组织领导，强化属地管理，完善体制机制，有效防范安全生产风险，坚决遏制重特大生产安全事故，促使地方各级党政领导干部切实承担起“促一方发展、保一方平安”的政治责任，为统筹推进“五位一体”总体布局和协调推进“四个全面”战略布局营造良好稳定的安全生产环境。

第四条 实行地方党政领导干部安全生产责任制，应当坚持党政同责、一岗双责、齐抓共管、失职追责，坚持管行业必须管安全、管业务必须管安全、管生产经营必须管安全。

地方各级党委和政府主要负责人是本地区安全生产第一责任人，班子其他成员对分管范围内的安全生产工作负领导责任。

第二章 职 责

第五条 地方各级党委主要负责人安全生产职责主要包括：

（一）认真贯彻执行党中央以及上级党委关于安全生产的决策部署和指示精神，安全生产方针政策、法律法规；

（二）把安全生产纳入党委议事日程和向全会报告工作的内容，及时组织研究解决安全生产重大问题；

（三）把安全生产纳入党委常委会及其成员职责清单，督促落实安全生产

“一岗双责”制度；

（四）加强安全生产监管部门领导班子建设、干部队伍建设和机构建设，支持人大、政协监督安全生产工作，统筹协调各方面重视支持安全生产工作；

（五）推动将安全生产纳入经济社会发展全局，纳入国民经济和社会发展考核评价体系，作为衡量经济发展、社会治安综合治理、精神文明建设成效的重要指标和领导干部政绩考核的重要内容；

（六）大力弘扬生命至上、安全第一的思想，强化安全生产宣传教育和舆论引导，将安全生产方针政策和法律法规纳入党委理论学习中心组学习内容和干部培训内容。

第六条 县级以上地方各级政府主要负责人安全生产职责主要包括：

（一）认真贯彻落实党中央、国务院以及上级党委和政府、本级党委关于安全生产的决策部署和指示精神，安全生产方针政策、法律法规；

（二）把安全生产纳入政府重点工作和政府工作报告的重要内容，组织制定安全生产规划并纳入国民经济和社会发展规划，及时组织研究解决安全生产突出问题；

（三）组织制定政府领导干部年度安全生产重点工作责任清单并定期检查考核，在政府有关工作部门“三定”规定中明确安全生产职责；

（四）组织设立安全生产专项资金并列入本级财政预算、与财政收入保持同步增长，加强安全生产基础建设和监管能力建设，保障监管执法必需的人员、经费和车辆等装备；

（五）严格安全准入标准，推动构建安全风险分级管控和隐患排查治理预防工作机制，按照分级属地管理原则明确本地区各类生产经营单位的安全生产监管部门，依法领导和组织生产安全事故应急救援、调查处理及信息公开工作；

（六）领导本地区安全生产委员会工作，统筹协调安全生产工作，推动构建安全生产责任体系，组织开展安全生产巡查、考核等工作，推动加强高素质专业化安全监管执法队伍建设。

第七条 地方各级党委常委会其他成员按照职责分工，协调纪检监察机关和组织、宣传、政法、机构编制等单位支持保障安全生产工作，动员社会各界力量积极参与、支持、监督安全生产工作，抓好分管行业（领域）、部门（单位）的安全生产工作。

第八条 县级以上地方各级政府原则上由担任本级党委常委的政府领导干部分管安全生产工作，其安全生产职责主要包括：

（一）组织制定贯彻落实党中央、国务院以及上级及本级党委和政府关于安全生产决策部署，安全生产方针政策、法律法规的具体措施；

（二）协助党委主要负责人落实党委对安全生产的领导职责，督促落实本级党委关于安全生产的决策部署；

（三）协助政府主要负责人统筹推进本地区安全生产工作，负责领导安全生产委员会日常工作，组织实施安全生产监督检查、巡查、考核等工作，协调解决重点难点问题；

（四）组织实施安全风险分级管控和隐患排查治理预防工作机制建设，指导安全生产专项整治和联合执法行动，组织查处各类违法违规行为；

（五）加强安全生产应急救援体系建设，依法组织或者参与生产安全事故抢险救援和调查处理，组织开展生产安全事故责任追究和整改措施落实情况评估；

（六）统筹推进安全生产社会化服务体系建设、信息化建设、诚信体系建设和教育培训、科技支撑等工作。

第九条 县级以上地方各级政府其他领导干部安全生产职责主要包括：

（一）组织分管行业（领域）、部门（单位）贯彻执行党中央、国务院以及上级及本级党委和政府关于安全生产的决策部署，安全生产方针政策、法律法规；

（二）组织分管行业（领域）、部门（单位）健全和落实安全生产责任制，将安全生产工作与业务工作同时安排部署、同时组织实施、同时监督检查；

（三）指导分管行业（领域）、部门（单位）把安全生产工作纳入相关发展规划和年度工作计划，从行业规划、科技创新、产业政策、法规标准、行政许可、资产管理等方面加强和支持安全生产工作；

（四）统筹推进分管行业（领域）、部门（单位）安全生产工作，每年定期组织分析安全生产形势，及时研究解决安全生产问题，支持有关部门依法履行安全生产工作职责；

（五）组织开展分管行业（领域）、部门（单位）安全生产专项整治、目标管理、应急管理、查处违法违规生产经营行为等工作，推动构建安全风险分级管控和隐患排查治理预防工作机制。

第三章 考核考察

第十条 把地方党政领导干部落实安全生产责任情况纳入党委和政府督查督办重要内容，一并进行督促检查。

第十一条 建立完善地方各级党委和政府安全生产巡查工作制度，加强对下级党委和政府的安全生产巡查，推动安全生产责任措施落实。将巡查结果作为对被巡查地区党委和政府领导班子和有关领导干部考核、奖惩和使用的重要参考。

第十二条 建立完善地方各级党委和政府安全生产责任考核制度，对下级党委和政府安全生产工作情况进行全面评价，将考核结果与有关地方党政领导干部履职评定挂钩。

第十三条 在对地方各级党委和政府领导班子及其成员的年度考核、目标责任考核、绩效考核以及其他考核中，应当考核其落实安全生产责任情况，并将其作为确定考核结果的重要参考。

地方各级党委和政府领导班子及其成员在年度考核中，应当按照“一岗双责”要求，将履行安全生产工作责任情况列入述职内容。

第十四条 党委组织部门在考察地方党政领导干部拟任人选时，应当考察其履行安全生产工作职责情况。

有关部门在推荐、评选地方党政领导干部作为奖励人选时，应当考察其履行安全生产工作职责情况。

第十五条 实行安全生产责任考核情况公开制度。定期采取适当方式公布或者通报地方党政领导干部安全生产工作考核结果。

第四章 表彰奖励

第十六条 对在加强安全生产工作、承担安全生产专项重要工作、参加抢险救护等方面作出显著成绩和重要贡献的地方党政领导干部，上级党委和政府应当按照有关规定给予表彰奖励。

第十七条 对在安全生产工作考核中成绩优秀的地方党政领导干部，上级党委和政府按照有关规定给予记功或者嘉奖。

第五章　责任追究

第十八条　地方党政领导干部在落实安全生产工作责任中存在下列情形之一的，应当按照有关规定进行问责：

（一）履行本规定第二章所规定职责不到位的；

（二）阻挠、干涉安全生产监管执法或者生产安全事故调查处理工作的；

（三）对迟报、漏报、谎报或者瞒报生产安全事故负有领导责任的；

（四）对发生生产安全事故负有领导责任的；

（五）有其他应当问责情形的。

第十九条　对存在本规定第十八条情形的责任人员，应当根据情况采取通报、诫勉、停职检查、调整职务、责令辞职、降职、免职或者处分等方式问责；涉嫌职务违法犯罪的，由监察机关依法调查处置。

第二十条　严格落实安全生产“一票否决”制度，对因发生生产安全事故被追究领导责任的地方党政领导干部，在相关规定时限内，取消考核评优和评选各类先进资格，不得晋升职务、级别或者重用任职。

第二十一条　对工作不力导致生产安全事故人员伤亡和经济损失扩大，或者造成严重社会影响负有主要领导责任的地方党政领导干部，应当从重追究责任。

第二十二条　对主动采取补救措施，减少生产安全事故损失或者挽回社会不良影响的地方党政领导干部，可以从轻、减轻追究责任。

第二十三条　对职责范围内发生生产安全事故，经查实已经全面履行了本规定第二章所规定职责、法律法规规定有关职责，并全面落实了党委和政府有关工作部署的，不予追究地方有关党政领导干部的领导责任。

第二十四条　地方党政领导干部对发生生产安全事故负有领导责任且失职失责性质恶劣、后果严重的，不论是否已调离转岗、提拔或者退休，都应当严格追究其责任。

第二十五条　实施安全生产责任追究，应当依法依规、实事求是、客观公正，根据岗位职责、履职情况、履职条件等因素合理确定相应责任。

第二十六条　存在本规定第十八条情形应当问责的，由纪检监察机关、组织人事部门和安全生产监管部门按照权限和职责分别负责。

第六章　附　则

第二十七条　各省、自治区、直辖市党委和政府应当根据本规定制定实施细则。

第二十八条　本规定由应急管理部商中共中央组织部解释。

第二十九条　本规定自2018年4月8日起施行。

应急管理部有关负责人就《地方党政领导干部安全生产责任制规定》答记者问

2018年4月，中共中央办公厅、国务院办公厅印发《地方党政领导干部安全生产责任制规定》（以下简称《规定》），明确界定了地方党政领导干部安全生产的职责、考核考察、表彰奖励、责任追究。参与文件起草的应急管理部有关负责人就有关热点问题回答了记者提问。

问：这是我国第一部安全生产领域的党内法规，为什么要制定这样一个针对专项工作的党内法规？

答：党的十八大以来，以习近平同志为核心的党中央对安全生产高度重视，习近平总书记多次主持召开中央政治局常委会听取安全生产工作汇报，亲临有关事故现场指导事故救援，发表一系列重要讲话，多次作出重要指示批示，深刻回答了安全生产工作一系列方向性、全局性、战略性重大问题，形成了习近平总书记安全生产重要思想，为新时代安全生产工作提供了根本遵循。其中“党政同责、一岗双责、齐抓共管、失职追责”“管行业必须管安全、管业务必须管安全、管生产经营必须管安全”等重要批示指示，对地方党政领导干部的安全生产责任提出了明确要求。制定下发这一《规定》，意在加强组织领导，强化属地管理，完善体制机制，是把习近平总书记安全生产重要思想落实到党内法规层面，作为推进安全生产领域改革发展的重要制度性安排，是新时期全面从严治党的重要举措。

问：《规定》的出台，对于当前的安全生产工作，乃至新组建的应急管理部来说，有怎样的意义？

答：当前安全生产形势比较稳定，但仍然严峻，重特大生产安全事故时有发生，安全生产仍然是经济社会发展的薄弱环节。而地方党政领导干部是安全生产工作的"关键少数"，他们安全生产红线意识强不强、责任清不清、落实严不严、问责到不到位，直接影响一个地区的安全生产形势是否稳定。《规定》准确抓住"关键少数"，压实领导责任，推动落实"促一方发展、保一方平安"的政治责任。

对于刚刚组建的应急管理部来说，强化安全管理，做好事前预防，将突发事件苗头和隐患及时化解，就是对改革最有力的支持，也是最有效的应急管理。也正因如此，应急管理部的第一次全系统视频会议就是围绕强化安全生产召开，每周例会都要研究安全生产问题。当前出台这样一部党内法规，是新时代谋求高质量发展的必然选择，是习近平新时代中国特色社会主义思想的应有之义，是满足人民群众对美好生活向往、顺利实现"两个百年目标"的重要保障。

问：地方党政领导干部的安全生产责任主要有哪些？

答：按照抓关键少数、权责对等原则，《规定》对地方党政领导干部的主要安全生产职责进行了明确界定，力求科学定位、合理分工、协同一体。

地方党政主要负责人是本地区安全生产第一责任人，要牵头抓总。在这一部分，《规定》首次提出，要把安全生产纳入党委议事日程和向全会报告工作的内容，纳入政府重点工作和政府工作报告的重要内容，要在政府有关工作部门"三定"规定中明确安全生产职责。

党政领导班子中分管安全生产的领导干部要坚持目标导向和问题导向相结合，加强对安全生产综合监管和直接监管工作的领导，履行好统筹协调责任，要抓组织落实、抓统筹协调、抓风险管控和依法治理、抓应急和事故处理、抓基础保障。

党政领导班子中其他领导干部则要按照职责分工承担支持保障责任和领导责任。要组织分管行业（领域）、部门（单位）健全和落实安全生产责任制，将安全生产工作与业务工作同时安排部署、同时组织实施、同时监督检查。要组织开展分管行业（领域）、部门（单位）安全生产专项整治、目标管理、应急管理、查处违法违规生产经营行为等工作，推动构建安全风险分级管控和隐患排查治理预防工作机制。

问：依据《规定》，党政一把手是地方安全生产工作的第一责任人，县级以上地方各级政府原则上由担任本级党委常委的政府领导干部分管安全生产工作，这两条硬性规定的用意是什么？

答：这两条硬规定是针对当前安全生产工作中突出矛盾制定的，是强化安全生产领导机制的重要抓手，意在彰显安全生产工作在全局工作中重要性。

长期以来，有的地方党政主要领导政绩观错位，安全生产工作“说起来重要，做起来往后靠”；有的地方党政班子中，长期是排位最后的分管安全生产。这直接导致当地对安全生产不重视、不研究、不投入，安全生产工作组织领导和支撑保障不到位。特别是面对 GDP 诱惑时，就把安全抛在脑后，红线失守、底线不保。一次又一次血的教训告诉我们，安全生产工作必须是“一把手工程”，必须放在全局工作的突出重要位置。

问：对地方党政领导干部的安全生产履职情况，《规定》从哪些方面进行考核考察？

答：《规定》将安全生产绩效与履职评定、职务晋升、奖励惩处挂钩，制定了“三项制度”，实行“三个纳入”。“三项制度”分别是：巡查制度，要加强对下级党委和政府的安全生产巡查；考核制度，要对下级党委和政府安全生产工作情况进行全面评价，将考核结果与有关地方党政领导干部履职评定挂钩；公开制度，要求定期采取适当方式公布或通报地方党政领导干部安全生产工作考核结果。“三个纳入”分别是：纳入督查督办内容，要求把地方各级党政领导干部落实安全生产责任情况纳入党委和政府督查督办重要内容，一并进行督促检查；纳入相关考核内容，要求在年度考核、目标责任考核、绩效考核及其他考核中，应当考核其落实安全生产责任情况，并作为确定考核结果的重要参考；纳入干部考察内容，要求党委组织部门在考察地方党政领导干部拟任人选时，有关部门在推荐、评选地方党政领导干部作为奖励人选时，应当考察其履行安全生产工作职责情况。

问：在问责追责方面，有哪些新举措？

答：《规定》除了界定了问责情形、问责方式外，还提出了五种问责新举措：

一是“一票否决”，对因发生生产安全事故被追究领导责任的地方党政领导干部，在相关规定时限内，取消考核评优和评选各类先进的资格，不得晋升职务、级别或重用任职。二是从重追究，对工作不力导致生产安全事故人员伤亡和经济损失扩大，或造成严重社会影响负有主要领导责任的地方党政领导干部，应当从重追究责任。三是补救从轻，对主动采取补救措施，减少生产安全事故损失或挽回社会不良影响的地方党政领导干部，可以从轻、减轻追究责任。四是尽职免责，对职责范围内发生生产安全事故，经查实已经全面履行了规定职责，并全面落实了党委和政府有关工作部署的，不予追究相关地方党政领导干部的领导责任。五是终身问责，地方党政领导干部对发生生产安全事故负有领导责任且失职失责性质恶劣、后果严重的，不论是否已调离转岗、提拔或者退休，都应当严格追究责任。

问：除了问责追责，《规定》还列出了安全生产履职表彰奖励的条件，这是出于什么考虑？

答：奖惩结合，是所有健全完善的责任制度的必要特征，制定表彰奖励条件，能够鼓励地方党政领导干部更高质量地履职尽责，加快推动安全生产工作开创新局面。这次《规定》明确了地方党政领导干部安全生产履职情况的两种奖励方式：一是及时奖励，也是专项奖励，对在加强安全生产工作、承担安全生产专项重要工作、参加抢险救护等方面作出显著成绩和重要贡献的地方党政领导干部，上级党委和政府应当按照有关规定给予表彰奖励；二是定期奖励，也是综合奖励，对在安全生产工作考核中成绩优秀的地方党政领导干部，上级党委和政府按照有关规定给予记功或嘉奖。这些表彰奖励，都将严格按照党和国家有关荣誉表彰条例进行。

问：应急管理部对贯彻落实规定，有哪些要求？

答：压实地方党政领导干部责任，是安全生产责任体系的重要组成部分，但不是全部。制定出台《规定》，是为了充分发挥地方党政领导干部这一“关键少数”的作用，强化党对安全生产工作的领导，推进安全生产依法治理，最终促进企业落实安全生产主体责任。对于贯彻落实《规定》，应急管理部要求各级有关部门认真学习领会，在地方党委和政府的领导下更加积极地履职尽责，主动谋划、主动作为，当好参谋助手，推动安全生产工作迈上新台阶、开创新局面。

[司法解释、司法指导性文件与解读]

最高人民法院

关于深入学习贯彻习近平生态文明思想为新时代生态环境保护提供司法服务和保障的意见

2018年5月30日　　法发〔2018〕7号

为深入学习贯彻习近平新时代中国特色社会主义思想特别是习近平生态文明思想和党的十九大精神，充分发挥人民法院审判职能作用，为新时代生态环境保护提供更加有力的司法服务和保障，制定如下意见。

一、坚持以习近平生态文明思想指导环境资源审判工作

1. 切实提高政治站位，把习近平生态文明思想贯彻到环境资源审判工作全过程。习近平生态文明思想是习近平新时代中国特色社会主义思想的重要组成部分，指明了新时代推进生态文明建设的方向。加强生态环境保护是建成富强民主文明和谐美丽的社会主义现代化强国的必然要求。各级人民法院要深入学习贯彻习近平生态文明思想，准确把握服务保障新时代生态环境保护的目标任务，切实提高政治站位，增强责任感使命感。要把习近平生态文明思想体现和贯彻到环境资源审判工作全过程，围绕大局、完善思路、谋划发展，全面加强新时代生态环境保护司法服务和保障。

2. 以习近平生态文明思想为指引，树立新时代环境资源司法理念。坚持以人民为中心，不断满足人民群众日益增长的对优美生态环境和公正环境资源

司法保障的需求，切实保障人民群众在健康、舒适、优美生态环境中生存发展的权利。坚持人与自然和谐共生，落实节约优先、保护优先、自然恢复为主的方针，通过有效法律手段把生产生活规制在资源环境承载能力范围内，推动实现经济全面发展、社会全面进步、生态全面优化。坚持绿水青山就是金山银山，统筹协调经济社会可持续发展与生态环境保护的关系，找准环境保护、经济发展与人民群众环境权益之间的平衡点，推动经济高质量发展和生态环境高水平保护。坚持山水林田湖草系统保护，统筹考虑自然生态各要素保护需要，探索创新审判执行方式，推动生态环境整体保护、系统修复、区域统筹、综合治理。

3. 用最严格的制度、最严密的法治保护生态环境。用最严格的制度、最严密的法治保护生态环境是习近平生态文明思想的重要内容。各级人民法院要深入学习贯彻习近平生态文明思想对于加强生态环境保护制度建设和法治保障的要求，紧紧围绕“努力让人民群众在每一个司法案件中感受到公平正义”的工作目标，切实贯彻节约资源和保护环境的基本国策，创新体制机制，完善裁判规则，通过专业化的环境资源审判落实最严格的源头保护、损害赔偿和责任追究制度，不断提升新时代生态环境保护的司法服务和保障水平。

二、服务保障污染防治和生态安全保护

4. 助力打好污染防治攻坚战。依法审理大气污染纠纷案件，严惩超标排污造成大气严重污染的违法行为，加大京津冀及周边、长三角、汾渭平原等重点区域的大气污染纠纷案件审理力度，为打赢蓝天保卫战提供坚强司法后盾。依法审理水污染纠纷案件，加大长江、黄河、鄱阳湖、洞庭湖、太湖等重点水域的水污染纠纷案件审理力度，严惩污染饮用水水源地违法行为，推动城市黑臭水体治理，维护水环境和水生态安全。依法审理土壤污染纠纷案件，准确界定土壤污染责任主体，探索多样化责任承担方式，妥善确定污染地治理、修复和再利用方案，维护食品安全和生活环境安全。严厉打击非法转移、倾倒、利用和处置固体废物和垃圾等违法犯罪行为，妥善处理因垃圾焚烧、填埋引发的群体性纠纷，维护优美生活环境。依法审理噪声、振动等引发的环境污染案件，合理认定侵权责任构成要件，保障人民群众宁静生活的权益。

5. 依法保护海洋自然资源与生态环境。依法惩处非法向海洋排放污染物及破坏红树林、珊瑚礁等海洋生态环境的犯罪行为，依法审理涉及海岸工程建

设项目、海洋工程建设项目、船舶及有关作业活动污染环境等案件，保护海洋生态环境安全。妥善审理涉及海洋动植物物种引进、海岛资源开发、海水养殖场建设各类案件，以及行政主管部门针对破坏海洋生态、海洋水产资源、海洋保护区等行为提起的海洋生态环境损害赔偿案件，保护海洋生态环境和自然资源。

6. 全面服务美丽乡村建设。贯彻乡村振兴战略，加大涉及农村人居环境整治案件审理力度。依法严惩污染乡村环境、河道非法采砂、盗伐滥伐林木、非法采矿及破坏性采矿、非法捕捞水产品等违法犯罪行为，探索将环境资源生态价值损失纳入定罪量刑情节。依法审理农业面源污染防治案件，推动生活垃圾、生活污水、畜禽养殖、农业种植等多种污染源集中处置和无害化治理，注重源头预防，改善农村生产、生活、生态环境。妥善审理因退耕还林还草还湿，退牧还草、禁牧轮休、草畜平衡，江河湖海限捕、禁捕等引发的权属、合同、侵权等纠纷案件，推动构建多元化生态补偿机制。依法审理发展乡村生态旅游过程中的合同及侵权纠纷案件，促进优质农业生态产品和服务供给，助力生态宜居的美丽乡村建设。

7. 不断提升生物多样性保护水平。依法惩治非法猎捕、杀害珍贵、濒危野生动物，非法狩猎及非法交易野生动植物制品等违法犯罪行为，维护物种多样性。严厉打击走私国家禁止进口动植物及其制品的违法犯罪行为，防控外来生物入侵。妥善审理环境污染及过度开发利用破坏生物多样性及种群关键栖息地案件，维护生态系统多样性。妥善审理生物多样性保护与生物遗传资源案件，推进濒危野生植物资源原生境保护，有效保护我国生物基因资源库。积极研究生物资源产权保护、有偿使用、综合利用以及生物技术等相关法律问题，推动完善生物多样性保护法律体系。

8. 从严保障生态安全战略布局。配合“两屏三带”国家生态安全战略布局，严守生态保护红线、环境质量底线、资源利用上线，依法审理涉及水源涵养、水土保持、防风固沙、生物多样性维护等重点生态功能区域以及水土流失敏感区、沙漠化敏感区、石漠化敏感区、冻融侵蚀敏感区等生态环境敏感脆弱区域各类案件，坚持源头严防、过程严控、后果严惩，注重生态保护修复，构筑生态安全屏障。

三、服务保障经济高质量发展

9. 推动构建绿色产业结构。妥善审理经济结构和能源政策调整、产能过剩引发的企业改制、整合、破产等案件，依法支持和保障节能环保产业、清洁生产产业、清洁能源产业发展。妥善审理节能、节水、节材和资源综合利用等领域的专利、技术合同、不正当竞争、反垄断等知识产权纠纷，推动市场主体创新发展，促进传统企业向绿色产业转型升级。加强对涉及绿色信贷、绿色债券、绿色保险等金融工具的法律风险和规制研究，为绿色发展领域新类型案件的审理做好知识储备。通过具体案件的审理推动市场主体创新发展，保障重大生态修复工程的实施，增强优质生态产品生产能力，保障经济效益、社会效益、生态效益同步提升。

10. 推动形成绿色生产方式。妥善审理涉及土地、矿产、林业等自然资源开发利用案件，促进生产领域资源物耗减量化及清洁生产，形成全面节约、循环利用的绿色生产方式。依法审理合同能源管理、合同节水管理等节能服务相关案件，推进农业、工业、城镇节水改造，以及矿山企业技术和工艺改造等重点领域的能源节约，提高能源资源利用效率。深入研究用能权、用水权、排污权、碳排放权交易的法律属性、初始分配和交易规则，推动环境资源交易市场制度完善。

11. 推动形成绿色生活方式。妥善审理涉及共享经济、绿色建筑、新能源、新业态等领域环境资源相关案件，推动生产、流通、回收等环节绿色化。加大环境司法宣传力度，发挥典型案件的示范引领作用，培育社会公众的生态环境保护意识，推动全社会形成简约适度、绿色低碳的生活方式。

12. 推动企业积极承担生态环境保护社会责任。妥善处理列入重点生态功能区产业准入负面清单的企业关停并转过程中引发的破产、整合、职工安置等纠纷。鼓励企业开展技术创新和改造，督促上市公司、发债企业、重点排污企业等依法公开环境信息，将环境保护、环境管理要求纳入经营决策机制，自觉履行生态环境保护的主体责任。推动绿色公平营商环境建设，激发企业家诚信经营、节约资源、保护环境的积极性，引导企业积极承担生态环境保护社会责任及生产者延伸责任。

四、服务保障生态文明体制改革

13. 依法审理自然资源资产产权纠纷案件。贯彻生态环境监管体制改革要求，遵循资源公有、物权法定和统一确权登记原则，妥善审理涉及水流、森林、山岭、草原、荒地、滩涂等自然生态空间确权登记案件，依法保障国有资产统一监管机构加强国有自然资源产权保护。妥善审理矿业权审批及颁证、房地征收等行政案件，依法促进落实主体功能区规划，合理控制国土开发空间和强度，促进资源集约利用和有序开发。依法审理涉及海域使用权、矿业权、取水权、养殖权、捕捞权、林业权等自然资源用益物权纠纷，妥善处理司法裁判与行政监管的关系，维护资源开发利用秩序。妥善审理涉及自然资源开发利用的股权转让、承包、合作、出租、抵押等案件，促进自然资源有序利用和流转。

14. 加强环境公益诉讼审判工作。贯彻落实民事诉讼法、行政诉讼法、环境保护法要求，充分发挥环境公益诉讼制度维护国家利益、社会公共利益和公众环境权益功能，督促依法行政，推动完善环境治理体系。依法审理社会组织提起的环境公益诉讼案件，畅通诉讼渠道，保障社会组织公益诉权，完善审理程序和配套机制，引导社会公众有序参与生态环境保护。全面加强检察公益诉讼审判工作，在遵循民事诉讼、行政诉讼基本制度基础上不断完善审理程序和裁判规则，促进依法行政、严格执法，提升国家利益和社会公共利益司法保障水平。推动建立公益诉讼资金的管理、使用、审计监督等制度，确保资金用于受损生态环境修复治理。

15. 推进生态环境损害赔偿制度改革。贯彻落实中共中央办公厅、国务院办公厅《生态环境损害赔偿制度改革方案》要求，全面加强生态环境损害赔偿案件审判工作。完善赔偿协议司法确认程序，探索赔偿协议审查与公告制度，保障公众知情权。制定生态环境损害赔偿诉讼与环境公益诉讼衔接规则，推动健全生态环境损害司法鉴定和评估机制。根据赔偿义务人主观过错、经营状况等因素试行分期赔付，探索多样化责任承担方式，研究符合生态环境损害赔偿需要的诉前证据保全、先予执行、执行监督、生态环境修复效果评估等制度，确保生态环境得到及时有效修复。

16. 突出重点区域生态环境治理。加强长江经济带生态环境司法保障，坚持共抓大保护、不搞大开发，把修复长江生态环境摆在压倒性位置，充分运用司法手段修复受损生态环境，推动长江流域生态环境质量不断改善，助力长江经济带高质量发展。加强雄安新区规划建设和京津冀协同发展司法保障，妥善审理雄安新区建设中出现的环境资源纠纷案件。加强国家生态文明试验区建设司法保障，精准服务经济绿色发展，探索积累可复制可推广的有益经验。加强国家公园试点司法保障，妥善处理在统一环境准入和退出过程中引发的纠纷，推动构建以国家公园为主体的自然保护地体系，强化大面积自然生态系统原真性、整体性保护。加强国土空间主体功能区规划执行司法保障，立足优化开发、重点开发、限制开发、禁止开发的不同功能定位，确定相应的案件处理思路，推动实现人口与经济合理分布并与环境承载能力相适应。

五、健全完善环境资源审判体制机制

17. 完善环境资源专门化审判机制。坚持专业化发展道路，具备条件的高、中级人民法院可以在规定的内设机构总数内，通过单独设置的方式设立环境资源审判机构；尚不具备条件的，可以通过加挂牌子或者在相关审判庭内设立专业化合议庭或专门审判团队负责环境资源审判工作。继续深化法院组织体系改革，探索设立环境资源专业性法院。持续推进环境资源管辖制度改革，探索将跨省级行政区划等重大环境资源案件纳入跨行政区划集中管辖范围，推进跨区域司法协作、全流域协同治理。

18. 推动环境资源刑事、民事、行政案件由专门审判机构或者专业审判团队审理。充分发挥环境资源刑事、民事、行政审判合力，探索将环境污染和生态破坏相关刑事案件、环境资源民事案件、以生态环境和自然资源行政主管部门为被告的部分行政案件、环境公益诉讼案件以及生态环境损害赔偿案件等由环境资源专门审判机构或者专业审判团队审理的“二合一”或者“三合一”工作模式，妥善协调当事人应承担的刑事、民事、行政法律责任，促进生态环境的一体保护和修复。

19. 完善环境资源纠纷多元共治体系。保障人民群众对生态环境保护案件的知情权与参与权，贯彻落实人民陪审员法，对于重大环境资源案件和公益诉讼案件依法组成七人合议庭审理，尊重人民陪审员就事实认定问题的表决权。推动完善环境资源纠纷多元化解决机制，发挥行政调解、人民调解、行业调解、仲裁等非诉讼纠纷解决机制的作用。加强与公安机关、检察机关以及环境资源保护行政主管部门之间的证据提取、信息共享和工作协调，推动构建党委领导、政府负责、社会协同、公众参与、法治保障的现代化环境治理体系，协同打好污染防治攻坚战和生态文明建设持久战。

20. 加强环境资源审判国际司法交流合作。树立人类命运共同体理念，推动和引导应对气候变化、节能减排、生物多样性保护等领域国际司法交流合作。拓展环境资源法官国际交流、培训及互访渠道，定期举办环境司法国际论坛，加强环境资源法律比较研究和司法案例信息共享，展示中国生态环境保护和环境司法的发展成就，广泛传播中国环境资源司法理念。积极参与全球环境治理，促进形成公平合理、合作共赢的世界环境保护和可持续发展的司法解决方案，为全球生态文明建设作出积极贡献。

21. 建设专业化环境资源审判队伍。深入学习贯彻习近平新时代中国特色社会主义思想特别是习近平生态文明思想，牢固树立“四个意识”，坚定“四个自信”，着力强化环境资源审判队伍思想政治建设。坚持反腐败无禁区，根据环境资源案件涉及利益重大、主体多元、矛盾尖锐的特点，督促教育干警时刻保持高度警惕、警钟长鸣，严守廉政底线。适应新时代要求，加强环境资源审判专业培训和业务交流，努力打造一支政治强、本领高、作风硬、敢担当的专业化环境资源审判队伍。

最高人民法院副院长江必新解读《最高人民法院关于深入学习贯彻习近平生态文明思想为新时代生态环境保护提供司法服务和保障的意见》

2018年6月4日最高人民法院召开新闻发布会，发布《最高人民法院关于深入学习贯彻习近平生态文明思想为新时代生态环境保护提供司法服务和保障的意见》（以下简称《意见》）。最高人民法院党组副书记、副院长江必新就《意见》的起草背景、主要内容和特点作简要介绍。

一、《意见》的起草背景

生态环境既是关系党的使命宗旨的重大政治问题，又是关系民生的重大社会问题。党的十八大以来，党中央将生态文明建设作为统筹推进“五位一体”总体布局和协调推进“四个全面”战略布局的重要内容，开展了一系列根本性、开创性、长远性工作，推动生态环境保护发生历史性、转折性、全局性变化。党的十九大报告提出中国特色社会主义进入了新时代，并明确提出“我国社会主要矛盾已经转化为人民日益增长的美好生活需要和不平衡不充分的发展之间的矛盾”“到本世纪中叶，把我国建成富强民主文明和谐美丽的社会主义现代化强国”等重大政治论断和奋斗目标。2018 年 5 月 18 日至 19 日召开的全国生态环境保护大会系统、完整地提出了习近平生态文明思想。习近平总书记在会议上指出，总体上看，我国生态环境质量持续好转，出现了稳中向好趋势，但成效并不稳固。习近平总书记在讲话中提出的六大原则指明了新时代推进生态文明建设的方向，提出了通过构建生态文明体系建成美丽中国的两个阶段目标，并强调要把解决突出生态环境问题作为民生优先领域。当前，生态文明建设正处于“关键期”“攻坚期”“窗口期”，广大人民群众热切期盼加快提高生态环境质量。与之相应，人民群众日益增长的优美生态环境需要和公正环境资源司法保障的需求是环境资源审判工作最根本的出发点和落脚点。

近年来，各级人民法院紧紧围绕党和国家工作大局，依法惩治污染环境、破坏资源等犯罪，监督、支持行政机关依法履行环境资源保护职责，加大环境权益保护力度，积极推进环境公益诉讼，在保障人民群众身体健康、财产安全，维护国家利益和社会公共利益，促进经济社会可持续发展方面做出了积极贡献。江苏泰州水污染环境公益诉讼案、腾格里沙漠环境公益诉讼系列案、山东德州大气污染公益诉讼案、北京幼儿园“毒跑道”案等重大典型案件的审理，取得了较好的法律效果、社会效果和生态效果。

为更好地发挥环境资源审判职能作用，加强生态文明建设司法服务和保障，切实维护人民群众环境权益和环境公共利益，保障国家自然资源和生态环境安全，最高人民法院以习近平生态文明思想为指导，围绕审判工作需要，针对实践中亟待解决的突出问题，经过认真调查研究，制定了本《意见》。

二、《意见》的主要内容和特点

《意见》共分为五个部分 21 条。第一部分强调要坚持以习近平生态文明思想指导环境资源审判工作。第二部分到第四部分分别从服务保障污染防治和生态安全保护、服务保障经济高质量发展、服务保障生态文明体制改革三个方面明确了环境资源审判的工作重点。第五部分就进一步健全完善环境资源审判体制机制做出部署。《意见》主要围绕以下几方面作出规定：

一是强调坚持以习近平生态文明思想指导环境资源审判工作。各级人民法院要切实提高政治站位，增强责任感使命感，把习近平生态文明思想体现和贯彻到环境资源审判工作全过程。要以习近平生态文明思想为指导，树立新时代环境资源司法理念，推动环境资源审判工作科学发展。要坚持以人民为中心的理念，不断满足人民群众日益增长的对优美生态环境和公正环境资源司法保障的需求，切实保障人民群众在健康、舒适、优美环境中生存和发展的权利。要坚持人与自然和谐共生的理念，通过有效法律手段把生产生活规制在资源环境承载能力范围内，推动实现经济全面发展、社会全面进步、生态全面优化。要坚持绿水青山就是金山银山的理念，综合衡量合理利用环境容量发展经济的需要，推动经济高质量发展和生态环境高水平保护。要坚持山水林田湖草系统保护的理念，统筹考虑自然生态各要素保护需要，探索创新审判执行方式，推动生态环境整体保护、系统修复、区域统筹、综合治理。要以最严格的制度、最严密的法治保护生态环境，通过专业化的环境资源审判落实最严格的源头保护、损害赔偿和责任追究制度，不断提升新时代生态环境保护的司法服务和保障水平。

二是着力解决突出生态环境问题，服务保障污染防治和生态安全保护。要助力打好污染防治攻坚战，依法审理大气污染、水污染、土壤污染、固体废物和垃圾处置、噪声与振动污染等相关案件，加大京津冀及周边、长三角、汾渭平原等重点区域的大气污染纠纷案件审理力度，为打赢蓝天保卫战提供坚强司法后盾，加大长江、黄河、鄱阳湖、洞庭湖、太湖等重点水域的水污染纠纷案件审理力度，推动城市黑臭水体治理，切实保障人民群众在蓝天、碧水、净土、宁静良好生态环境中生活的权利。要依法保护海洋自然资源与生态环境，依法审理污染海洋生态环境、破坏海洋资源等案件。要全面服务美丽乡村建设，贯彻乡村振兴战略要求，依法审理农村自然资源开发利用、农村人居环境综合整治、农业生态产品和服务供给等各类案件，推动农业农村可持续发展，助力生态宜居的美丽乡村建设。要不断提升生物多样性保护水平，依法审理破坏生物多样性的案件，维护物种多样性和生态系统多样性，推动完善生物多样性保护法律体系。要从严保障生态安全战略布局，严守生态保护红线、环境质量底线、资源利用上线，依法审理涉重点生态功能区域、生态环境敏感脆弱区域案件，注重生态保护修复，构筑生态安全屏障。

三是积极谋划环境资源审判在经济新常态和供给侧结构性改革大局中的时

代定位，服务保障经济高质量发展。通过审理节能节水、绿色技术、绿色金融相关案件，促进产业转型升级和产业结构调整，推动构建绿色产业结构。通过审理自然资源开发利用、节能服务相关案件，促进生产领域资源物耗减量化及清洁生产，提高能源资源利用效率，推动形成绿色生产方式。通过审理涉及共享经济、绿色建筑、新能源、新业态等领域环境资源及其他案件，推动生产、流通、回收等环节绿色化，推动形成绿色生活方式。通过审理相关案件督促上市公司、发债企业、重点排污企业等依法公开环境信息，将环境保护、环境管理要求纳入经营决策机制，推动绿色公平营商环境建设，推动企业积极承担生态环境保护社会责任。

四是围绕中心履职尽责、服务大局高效作为，服务保障生态文明体制改革。依法审理自然资源资产产权纠纷案件，妥善审理涉及水流、森林、山岭、草原、荒地、滩涂等自然生态空间确权登记案件，涉及自然资源开发利用的股权转让、承包、合作、出租、抵押等案件，促进自然资源有序利用和流转。加强环境公益诉讼审判工作，依法审理社会组织提起的环境公益诉讼案件，全面推进检察公益诉讼，提升国家利益和社会公共利益司法保障水平。推进生态环境损害赔偿制度改革，依法审理省级、市级政府提起的生态环境损害赔偿案件，完善审理规则。突出重点区域生态环境治理，进一步加大长江经济带发展、雄安新区规划建设和京津冀协同发展、国家生态文明试验区、国家公园试点、国土空间主体功能区规划执行等重点区域领域生态环境司法保护力度。

五是健全完善环境资源审判体制机制。《意见》强调，要完善环境资源专门化审判机制，坚持专业化发展道路，继续深化法院组织体系改革，持续推进环境资源管辖制度改革，探索将跨省级行政区划等重大环境资源案件纳入跨行政区划集中管辖范围，推进跨区域司法协作、全流域协同治理。要推动环境资源刑事、民事、行政案件由专门审判机构或者专业审判团队审理，充分发挥环境资源刑事、民事、行政审判合力，探索“二合一”或者“三合一”工作模式，促进生态环境的一体保护和修复。要完善环境资源纠纷多元共治体系，保障人民群众的知情权与参与权，推动完善环境资源纠纷多元化解决机制，推动构建党委领导、政府负责、社会协同、公众参与、法治保障的现代化环境治理体系，协同打好污染防治攻坚战和生态文明建设持久战。要加强环境资源审判国际司法交流合作，树立人类命运共同体理念，推动和引导应对气候变化、节能减排、生物多样性保护等领域国际司法交流合作，定期举办环境司法国际论坛，加强环境资源法律比较研究和司法案例信息共享，为全球生态文明建设作出积极贡献。要建设专业化环境资源审判队伍，深入学习贯彻习近平新时代中国特色社会主义思想特别是习近平生态文明思想，强化环境资源审判队伍思想政治建设及反腐倡廉教育，加强环境资源审判专业培训和业务交流，努力打造一支政治强、本领高、作风硬、敢担当的专业化环境资源审判队伍。

我国今年环境日的主题是“美丽中国，我是行动者”。最高人民法院将以本《意见》的出台为契机，指导各级人民法院深入学习贯彻习近平生态文明思想，按照“努力让人民群众在每一个司法案件中感受到公平正义”的目标要求，围绕推进经济高质量发展、着力解决突出环境问题、打好污染防治攻坚战、加大生态系统保护力度、改革生态环境监管体制等工作任务，进一步加强监督指导、完善体制机制、锻造专业队伍，充分发挥审判职能作用，为加强新时代生态环境保护、推进生态文明建设和美丽中国建设提供有力司法服务和保障。

最高人民法院

关于进一步规范指定执行等执行案件立案、结案、统计和考核工作的通知

2018 年 5 月 31 日　　　　法明传（2018）335 号

为进一步规范执行立案、结案、统计和考核工作，解决一案多立带来的数据失真问题，确保一个执行依据原则上只能立一个首次执行案件的工作要求落地，让相关数据真实反映执行工作情况，现就指定执行、提级执行、委托执行（全案）、裁定终结执行或终结本次执行程序后恢复执行原生效法律文书等的立案、结案、统计和考核工作通知如下：

一、需要委托异地法院执行的，原则上要通过事项委托方式办理，不提倡将全案委托执行，确需全案委托执行的，委托法院和受托法院要严格按照有关

司法解释的规定层报各自所在的高级人民法院备案。各高级人民法院要加强对下辖法院全案委托执行和受托执行工作的管理。

二、执行案件依据民事诉讼法第二百五十七条规定裁定终结执行或终结本次执行程序后，符合恢复执行原生效法律文书条件，执行法院依申请或依职权又恢复执行的，立“恢执”字案号，恢复执行案件统计作为内部管理项，不再纳入司法统计。

三、首次执行案件因指定执行、提级执行、委托执行（全案）结案的，以“销案”方式结案，不纳入司法统计；接受指定执行、提级执行、委托执行（全案）而立执行案件的，立“执”字案号，作为首次执行案件纳入司法统计，其中申请执行标的金额为前案未实际执行到位的金额。销案、不予执行、驳回申请结案的，其中申请执行标的金额和已实际执行到位金额不予计算。

各级法院自2018年6月1日起按通知要求认真贯彻执行，执行过程中遇到的问题，请及时报告最高人民法院执行局。

特此通知。

最高人民法院

关于人民法院立案、审判与执行工作协调运行的意见

2018年5月28日　　法发〔2018〕9号

为了进一步明确人民法院内部分工协作的工作职责，促进立案、审判与执行工作的顺利衔接和高效运行，保障当事人及时实现合法权益，根据《中华人民共和国民事诉讼法》《中华人民共和国刑事诉讼法》《中华人民共和国行政诉讼法》等有关法律规定，制定本意见。

一、立案工作

1. 立案部门在收取起诉材料时，应当发放诉讼风险提示书，告知当事人诉讼风险，就申请财产保全作必要的说明，告知当事人申请财产保全的具体流程、担保方式及风险承担等信息，引导当事人及时向人民法院申请保全。

立案部门在收取申请执行材料时，应发放执行风险提示书，告知申请执行人向人民法院提供财产线索的义务，以及无财产可供执行导致执行不能的风险。

2. 立案部门在立案时与执行机构共享信息，做好以下信息的采集工作：

（1）立案时间；

（2）当事人姓名、性别、民族、出生日期、身份证件号码；

（3）当事人名称、法定代表人或者主要负责人、统一社会信用代码或者组织机构代码；

（4）送达地址；

（5）保全信息；

（6）当事人电话及其他联系方式；

（7）其他应当采集的信息。

立案部门在立案时应充分采集原告或者申请执行人的前款信息，提示原告或者申请执行人尽可能提供被告或者被执行人的前款信息。

3. 在执行案件立案时，有字号的个体工商户为被执行人的，立案部门应当将生效法律文书注明的该字号个体工商户经营者一并列为被执行人。

4. 立案部门在对刑事裁判涉财产部分移送执行立案审查时，重点审查《移送执行表》载明的以下内容：

（1）被执行人、被害人的基本信息；

（2）已查明的财产状况或者财产线索；

（3）随案移送的财产和已经处置财产的情况；

（4）查封、扣押、冻结财产的情况；

（5）移送执行的时间；

（6）其他需要说明的情况。

《移送执行表》信息存在缺漏的，应要求刑事审判部门及时补充完整。

5. 立案部门在受理申请撤销仲裁裁决、执行异议之诉、变更追加执行当事人异议之诉、参与分配异议之诉、履行执行和解协议之诉等涉及执行的案件后，应提示当事人及时向执行法院或者本院执行机构告知有关情况。

6. 人民法院在判决生效后退还当事人预交但不应负担的诉讼费用时，不得以立执行案件的方式退还。

二、审判工作

7. 审判部门在审理案件时，应当核实立案部门在立案时采集的有关信息。信息发生变化或者记录不准确的，应当及时予以更正、补充。

8. 审判部门在审理确权诉讼时，应当查询所要确权的财产权属状况。需要确权的财产已经被人民法院查封、扣押、冻结的，应当裁定驳回起诉，并告知当事人可以依照民事诉讼法第二百二十七条的规定主张权利。

9. 审判部门在审理涉及交付特定物、恢复原状、排除妨碍等案件时，应当查明标的物的状态。特定标的物已经灭失或者不宜恢复原状、排除妨碍的，应告知当事人可申请变更诉讼请求。

10. 审判部门在审理再审裁定撤销原判决、裁定发回重审的案件时，应当注意审查诉讼标的物是否存在灭失或者发生变化致使原诉讼请求无法实现的情形。存在该情形的，应告知当事人可申请变更诉讼请求。

11. 法律文书主文应当明确具体：

（1）给付金钱的，应当明确数额。需要计算利息、违约金数额的，应当有明确的计算基数、标准、起止时间等；

（2）交付特定标的物的，应当明确特定物的名称、数量、具体特征等特定信息，以及交付时间、方式等；

（3）确定继承的，应当明确遗产的名称、数量、数额等；

（4）离婚案件分割财产的，应当明确财产名称、数量、数额等；

（5）继续履行合同的，应当明确当事人继续履行合同的内容、方式等；

（6）排除妨碍、恢复原状的，应当明确排除妨碍、恢复原状的标准、时间等；

（7）停止侵害的，应当明确停止侵害行为的具体方式，以及被侵害权利的具体内容或者范围等；

（8）确定子女探视权的，应当明确探视的方式、具体时间和地点，以及交接办法等；

（9）当事人之间互负给付义务的，应当明确履行顺序。

对前款规定中财产数量较多的，可以在法律文书后另附清单。

12. 审判部门在民事调解中，应当审查双方意思的真实性、合法性，注重调解书的可执行性。能即时履行的，应要求当事人即时履行完毕。

13. 刑事裁判涉财产部分的裁判内容，应当明确、具体。涉案财物或者被害人人数较多，不宜在判决主文中详细列明的，可以概括叙明并另附清单。判处没收部分财产的，应当明确没收的具体财物或者金额。判处追缴或者责令退赔的，应当明确追缴或者退赔的金额或财物的名称、数量等有关情况。

三、执行工作

14. 执行标的物为特定物的，应当执行原物。原物已经毁损或者灭失的，经双方当事人同意，可以折价赔偿。双方对折价赔偿不能协商一致的，按照下列方法处理：

（1）原物毁损或者灭失发生在最后一次法庭辩论结束前的，执行机构应当告知当事人可通过审判监督程序救济；

（2）原物毁损或者灭失发生在最后一次法庭辩论结束后的，执行机构应当终结执行程序并告知申请执行人可另行起诉。

无法确定原物在最后一次法庭辩论结束前还是结束后毁损或者灭失的，按照前款第二项规定处理。

15. 执行机构发现本院作出的生效法律文书执行内容不明确的，应书面征询审判部门的意见。审判部门应在15日内作出书面答复或者裁定予以补正。审判部门未及时答复或者不予答复的，执行机构可层报院长督促审判部门答复。

执行内容不明确的生效法律文书是上级法院作出的，执行法院的执行机构应当层报上级法院执行机构，由上级法院执行机构向审判部门征询意见。审判部门应在15日内作出书面答复或者裁定予以补正。上级法院的审判部门未及时答复或者不予答复的，上级法院执行机构层报院长督促审判部门答复。

执行内容不明确的生效法律文书是其他法院作出的，执行法院的执行机构可以向作出生效法律文书的法院执行机构发函，由该法院执行机构向审判部门征询意见。审判部门应在15日内作出书面答复或者裁定予以补正。审判部门未及时答复或者不予答复的，作出生效法律文书的法院执行机构层报院长督促审判部门答复。

四、财产保全工作

16. 下列财产保全案件一般由立案部门编立“财保”字案号进行审查并作出裁定：

（1）利害关系人在提起诉讼或者申请仲裁前申请财产保全的案件；

（2）当事人在仲裁过程中通过仲裁机构向人民法院提交申请的财产保全案件；

（3）当事人在法律文书生效后进入执行程序前申请财产保全的案件。

当事人在诉讼中申请财产保全的案件，一般由负责审理案件的审判部门沿用诉讼案号进行审查并作出裁定。

当事人在上诉后二审法院立案受理前申请财产保全的案件，由一审法院审判部门审查并作出裁定。

17. 立案、审判部门作出的财产保全裁定，应当及时送交立案部门编立“执保”字案号的执行案件，立案后送交执行。

上级法院可以将财产保全裁定指定下级法院立案执行。

18. 财产保全案件的下列事项，由作出财产保全裁定的部门负责审查：

（1）驳回保全申请；

（2）准予撤回申请、按撤回申请处理；

（3）变更保全担保；

（4）续行保全、解除保全；

（5）准许被保全人根据《最高人民法院关于人民法院办理财产保全案件若干问题的规定》第二十条第一款规定申请自行处分被保全财产；

（6）首先采取查封、扣押、冻结措施的保全法院将被保全财产移送给在先轮候查封、扣押、冻结的执行法院；

（7）当事人或者利害关系人对财产保全裁定不服，申请复议；

（8）对保全内容或者措施需要处理的其他事项。

采取保全措施后，案件进入下一程序的，由有关程序对应的受理部门负责审查前款规定的事项。判决生效后申请执行前进行续行保全的，由作出该判决的审判部门作出续行保全裁定。

19. 实施保全的部门负责执行财产保全案件的下列事项：

（1）实施、续行、解除查封、扣押、冻结措施；

（2）监督被保全人根据《最高人民法院关于人民法院办理财产保全案件若干问题的规定》第二十条第一款规定自行处分被保全财产，并控制相应价款；

（3）其他需要实施的保全措施。

20. 保全措施实施后，实施保全的部门应当及时将财产保全情况通报作出财产保全裁定的部门，并将裁定、协助执行通知书副本等移送入卷。“执保”字案件单独立卷归档。

21. 保全财产不是诉讼争议标的物，案外人基于实体权利对保全裁定或者执行行为不服提出异议的，由负责审查案外人异议的部门根据民事诉讼法第二百二十七条的规定审查该异议。

五、机制运行

22. 各级人民法院可以根据本院机构设置，明确负责立案、审判、执行衔接工作的部门，制定和细化立案、审判、执行工作衔接的有关制度，并结合本院机构设置的特点，建立和完善本院立案、审判、执行工作衔接的长效机制。

23. 审判人员、审判辅助人员在立案、审判、执行等环节中，因故意或者重大过失致使立案、审判、执行工作脱节，导致生效法律文书难以执行的，应当依照有关规定，追究相应责任。

[部门规章、规章性文件与解读]

商务部

关于推进农商互联助力乡村振兴的通知

2018年5月22日　　商建函〔2018〕204号

各省、自治区、直辖市、计划单列市及新疆生产建设兵团商务主管部门：

为深入贯彻党的十九大精神，认真落实《中共中央 国务院关于实施乡村振兴战略的意见》（中发〔2018〕1号）要求及中央经济工作会议和中央农村工作会议的部署，进一步加强产销衔接，发挥农产品流通对促进农业生产和保障居民消费的重要作用，推进农业供给侧结构性改革，推动农业农村现代化，促进农民增收，助力精准扶贫和乡村振兴，商务部决定推进农商互联工作。现就有关事项通知如下：

一、充分认识农商互联工作的重要意义

农商互联是指农产品流通企业与新型农业经营主体进行全面、深入、精准对接，发展订单农业、产销一体、股权合作等模式，实现联产品、联设施、联标准、联数据、联市场，打造上联生产、下联消费，利益紧密联结、产销密切衔接、长期稳定的新型农商关系。

一是有利于推动产业兴旺，促进农业现代化。推进农商互联，发挥流通对生产的先导性作用，推动农业生产围绕市场需求，优化品种结构和产业布局，提升规模化、标准化和信息化水平，逐步形成具有较强竞争力的优势产业和品牌，推动农业走质量兴农之路，农业发展由总量扩张向质量提升转变，实现农业绿色化、优质化、特色化、品牌化，加快农业现代化进程。

二是有利于密切城乡联系，推动城乡融合发展。推进农商互联，发挥流通连接城乡纽带作用，带动人才、资金、技术、信息等要素资源在城乡之间自由流动、平等交换，为乡村振兴注入发展活力和动力，推动形成农商互促、城乡互补的新型农商城乡关系，促进城乡融合发展。

三是有利于提升农产品价值，拓宽农民增收渠道。推进农商互联，构建畅通、安全、高效的农产品销售渠道，培育农产品品牌，提升农产品附加值，推动建立更加紧密的利益联结机制，延长产业链、提升价值链、完善利益链，让农民合理分享全产业链增值收益，促进农民持续稳定增收。

四是有利于提升农产品供给质量，促进农产品消费升级。推进农商互联，打造产加销密切衔接的农产品全产业链条，推动农产品按照消费需求进行生产，增加绿色优质农产品供给，保障农产品基本消费，促进农产品中高端消费，满足农产品平衡充分消费需求。

二、指导思想和主要目标

（一）指导思想。认真贯彻党的十九大精神，以习近平新时代中国特色社会主义思想为指导，坚持新发展理念，落实高质量发展要求，以供给侧结构性改革为主线，按照乡村振兴战略总体要求，通过政策引导、市场参与的方式，着力构建长期稳定的产销关系，发展新型农业经营主体，培育优质农产品品牌，打造符合现代农产品流通需求的产业链标准体系，加强农产品流通基础设施建设，推动农业农村现代化和农民增收，助力产业精准扶贫和乡村振兴。

（二）主要目标。重点针对农产品主产区和优势产区的农产品，推动农产品流通企业与新型农业经营主体建立利益紧密联结、产销密切衔接的新型农产品产销关系，不断提高订单农业、产销一体、股权合作等长期稳定的农产品流通模式在农产品流通中的比重，让农产品不仅产得出、产得好，而且卖得出、卖得好。

三、重点任务

（一）构建长期稳定产销衔接机制。引导农产品产销衔接机制从松散、短期、易变向紧密、长期、稳定转变。支持农产品流通企业与新型农业经营主体签订长期采购协议，发展订单农业。支持农产品流通企业或新型农业经营主体向生产或销售环节延伸产业链条，实现产加销全产业链一体化经营。支持农产品流通企业和新型农业经营主体通过参股控股、兼并收购等多种方式进行股权投资合作，实现产销优势互补、风险利益共担共享的产销衔接。

（二）发展新型农业经营主体。发挥新型农业经营主体对农户的组织带动作用，组织农户通过土地流转、托管等各种方式开展适度规模经营，提高农业生产规模化、集约化、机械化水平。推动新型农业经营主体与农产品流通企业对接，实现农产品优质优价，促进农民增收。加强对新型农业经营主体及农业生产者的培训引导，提升新型农业经营主体对接市场的能力，提高农户生产高品质农产品的技术和能力。

（三）培育打造农产品品牌。推动农产品流通企业、新型农业经营主体加强检验检测、可追溯体系建设，从源头确保农产品质量安全；按照市场需求优化种、养、加结构，生产适销对路的产品，提高农产品品质。以特色优质农产品为重点，强化品牌建设工作，选择一批品质上乘、标准化程度高的特色优质农产品开展多种形式的营销促销，打造一批地域特色突出、产品特性鲜明的区域公用品牌、企业品牌和产品品牌。推动农产品流通企业开展品牌推广活动，集中进行品牌宣传，树立品牌形象。

（四）打造全产业链条标准体系。建立覆盖农产品种养加工、检验检测、质量分级、标识包装、冷链物流、批发零售等各环节，国标、地标、团标、企标有机结合的全产业链标准体系，为提高农产品品质、提升流通企业服务质量提供标准支持。推动农产品流通企业和新型农业经营主体加强标准的推广应用，提升农产品生产和流通的标准化水平。

（五）扶持贫困地区农产品产销对接。推动农产品流通企业深入贫困地区，发挥市场资源优势，帮助贫困地区发展特色、优势农产品产业，积极探索适合贫困地区的农产品产销对接措施。支持和鼓励农产品批发市场、零售企业和农产品电商企业设立贫困地区农产品销售专档、销售专柜和扶贫频道，推动贫困地区农产品进学校、进企业、进机关、进社区，拓展销售渠道。

（六）加强农产品流通基础设施建设。鼓励在产地就近建设交易厅（棚）、地面硬化、水电配套基础设施，配套建设分级、包装等农产品商品化处理设施。加强农产品冷链流通基础设施建设，补上冷链物流短板。鼓励新型农业经营主体、农产品流通企业加强产地预冷、仓储物流、加工配送、公益性和共享型流通设施建设，完善冷链监控、物流服务、产销对接等信息服务平台，加快特色农产品电商平台建设，加强农产品产地、销地市场信息采集、处理和应用，提升农产品流通信息化水平。

四、参与主体及资质条件

（一）参与主体。农商互联的“农”主要包括农民合作社、农业产业化龙头企业、家庭农场等新型农业经营主体，“商”主要包括农产品批发市场、经营生鲜农产品的大型连锁超市及批发零售企业、农产品电商企业等农产品流通企业。

（二）资质要求。参与主体应具有独立法人资格，产品、设施设备和操作流程等符合现行国家和行业标准，无违法违规等不良记录，一年内未发生质量、安全等重大事故，并按要求定期报送相关数据和资料。

（三）重点区域。农商互联在全国范围内开展，优先鼓励在国家级贫困县开展。

五、工作要求

（一）高度重视，认真组织。各地商务主管部门要高度重视农商互联工作，抓紧制定符合当地实际的工作方案，强化政策支撑，优化发展环境，支持农产品生产、流通的各类资金要向农商互联对接主体倾斜，加强对农商互联工作的指导、管理与服务，协调解决推进过程中遇到的困难和问题，把推动农商互联作为落实乡村振兴战略，促进农村产业兴旺、农民增收的重要工作抓紧抓好。

（二）密切合作，推动对接。各地商务主管部门要加强与农业、供销、邮政等单位合作，汇总形成新型农业经营主体、特色优质农产品和农产品流通企业名录，创新网上对接、展销对接和田头对接等多种对接形式，切实推动农产品流通企业与新型农业经营主体进行对接。要注重发挥农产品生产、流通行业组织作用，组织会员单位积极开展农商互联。支持农产品生产、流通企业加强与物流、供销、邮政企业合作，整合物流资源，降低物流成本。农产品产地、销地商务主管部门要做好跨区域农商互联工作。

（三）及时总结，复制推广。各地商务主管部门要及时梳理农商互联工作开展过程中出现的典型案例、数据，总结上报在体制机制创新、模式创新、富农惠农措施等方面的成功经验。加强交流和宣传推广，营造良好发展氛围。各地商务主管部门应建立农商互联工作台账，并于每年4月、7月、10月和次年1月底前将工作情况统计表（见附件）和典型案例材料报送商务部（市场建设司）。

商务部市场建设司负责人就《商务部关于推进农商互联助力乡村振兴的通知》进行解读

商务部印发《关于推进农商互联助力乡村振兴的通知》（以下简称《通知》）。商务部市场建设司负责人就《通知》进行解读。

一、《通知》出台的背景是什么？

答：产销衔接关系到农产品能否从生产顺利走向市场、满足消费。近年来，商务部大力推进农超对接、农批对接、农产品电子商务等工作，取得积极成效。但农产品产销衔接机制仍然存在松散、短期等问题，既不利于农产品产得出、产得好，也不利于农产品销得出、销得好。

习近平总书记指出，要在扶持贫困地区农产品产销对接上拿出管用措施。《中共中央 国务院关于实施乡村振兴战略的意见》（中发〔2018〕1号，以下简称中央一号文件）提出要“健全农产品产销稳定衔接机制”。为深入贯彻习近平总书记讲话精神，落实中央一号文件部署，我们印发《通知》，目的是进一步加强产销衔接，发挥农产品流通对促进农业生产和保障居民消费的重要作用，推进农业供给侧结构性改革，推动农业农村现代化，促进农民增收，助力精准扶贫和乡村振兴。

二、农商互联的内涵是什么？与以往的产销衔接有什么不同？

答：农商互联是指农产品流通企业与新型农业经营主体进行全面、深入、精准对接，发展订单农业、产销一体、股权合作等模式，实现联产品、联设施、联标准、联数据、联市场，打造上联生产、下联消费，利益紧密联结、产销密切衔接、长期稳定的新型农商关系。

农商互联与以往的产销对接相比，具有全面、精准、深入、紧密、长期、稳定等特点。全面精准，是指各种类型的新型农业经营主体和包括批发、零售、电商等在内的农产品流通企业全面合作，引导农业以销定产，实现农业生产的精准化；深入紧密，是指以订单采购、产销一体、股权合作等方式开展深层次的合作，农商双方除买卖关系外，还是合作伙伴关系，利益联结更加紧密；长期稳定，是指通过打造产加销密切衔接的农产品全产业链条，将一次性的、松散的、随机的买卖关系固化为长期稳定的合作关系，形成产业融合发展、产销渠道畅通、生产消费双赢的新型农商关系。

三、《通知》出台的意义是什么？

答：农商互联是新时代全面贯彻党的十九大精神、落实乡村振兴战略总体要求的重要举措，其重要意义主要体现在四个有利于：一是有利于推动产业兴旺，促进农业现代化；二是有利于密切城乡联系，推动城乡融合发展；三是有利于提升农产品价值，拓宽农民增收渠道；四是有利于提升农产品供给质量，促进农产品消费升级。特别重要的，是有利于打造贫困地区农产品的产销对接渠道，助力产业精准扶贫。

四、《通知》提出哪些重点任务？

答：一是构建长期稳定的产销衔接机制，引导农产品产销衔接机制从松散、短期、易变向紧密、长期、稳定转变；二是发展新型农业经营主体，发挥他们对农户的组织带动作用，组织农户通过土地流转、托管等各种方式开展适度规模经营，提高农业生产规模化、集约化、机械化水平；三是培育打造农业品牌，选择一批品质上乘、标准化程度高的特色农产品开展多种形式的营销促销，打造一批地域特色突出、产品特性鲜明的区域公用品牌、企业品牌和产品品牌；四是打造全产业链条标准体系，覆盖农产品种养加工、检验检测、质量分级、标识包装、冷链物流、批发零售等各环节，提升农产品生产和流通的标准化水平；五是扶持贫困地区农产品产销对接，推动农产品流通企业深入贫困地区，发挥市场资源优势，帮助贫困地区发展特色、优势农产品产业。六是加强农产品流通基础设施建设，比如田头市场、冷链流通设施、信息服务平台和农产品电商平台等，补齐设施短板，提高流通现代化水平。

五、农商互联参与主体是什么？有何资质要求？

答：农商互联的“农”主要包括农民合作社、农业产业化龙头企业、家庭农场等新型农业经营主体，“商”主要包括农产品批发市场、经营生鲜农产品的大型连锁超市及批发零售企业、农产品电商企业等农产品流通企业。

参与主体应具有独立法人资格，产品、设施设备和操作流程等符合现行国家和行业标准，无违法违规等不良记录，一年内未发生质量、安全等重大事故，并按要求定期报送相关数据和资料。

六、怎样组织实施农商互联？

答：一是建队伍。聚合政府、企业和协会等各方力量。各地商务主管部门加强与农业、供销、邮政等单位合作，汇总形成新型农业经营主体、特色优质农产品和农产品流通企业名录。

二是搞对接。创新网上对接、展销对接和田头对接等多种对接形式，切实推动农产品流通企业与新型农业经营主体进行对接。农产品产地、销地商务主管部门做好跨区域农商互联工作。发挥农产品生产、流通行业组织作用，组织会员单位积极开展农商互联。

三是推经验。各地认真梳理总结农商互联工作开展过程中出现的典型案例、数据，及时上报在体制机制创新、模式创新、富农惠农措施等方面的成功经验。商务部将予以重点宣传和推广复制。

中国银行保险监督管理委员会　公安部
国家市场监督管理总局　中国人民银行

关于规范民间借贷行为维护经济金融秩序有关事项的通知

2018年5月4日　　银保监发〔2018〕10号

各银监局；各省、自治区、直辖市公安厅（局）、工商局（市场监管部门）、新疆生产建设兵团公安局；中国人民银行上海总部，各分行、营业管理部，各省会（省府）城市中心支行，各副省级城市中心支行；各政策性银行、大型银行、股份制银行，邮储银行，外资银行，金融资产管理公司：

为规范民间借贷行为，维护经济金融秩序，防范金融风险，切实保障人民群众合法权益，打击金融违法犯罪活动，根据《中华人民共和国银行业监督管理法》《中华人民共和国商业银行法》《中华人民共和国刑法》及《非法金融机构和非法金融业务活动取缔办法》等法律法规，现就有关事项通知如下：

一、切实提高认识

近年来，民间借贷发展迅速，以暴力催收为主要表现特征的非法活动愈演愈烈，严重扰乱了经济金融秩序和社会秩序。各有关方面要充分认识规范民间借贷行为的必要性和暴力催收的社会危害性，从贯彻落实全面依法治国基本方略、维护经济金融秩序、保持经济和社会稳定的高度出发，认真抓好相关工作。

二、把握工作原则

坚持依法治理、标本兼治、多方施策、疏堵结合的原则，进一步规范民间借贷行为，引导民间资金健康有序流动，对相关非法行为进行严厉打击，净化社会环境，维护经济金融秩序和社会稳定。

三、明确信贷规则

严格执行《中华人民共和国银行业监督管理法》《中华人民共和国商业银行法》及《非法金融机构和非法金融业务活动取缔办法》等法律规范，未经有权机关依法批准，任何单位和个人不得设立从事或者主要从事发放贷款业务的机构或以发放贷款为日常业务活动。

四、规范民间借贷

民间借贷活动必须严格遵守国家法律法规的有关规定，遵循自愿互助、诚实信用的原则。民间借贷中，出借人的资金必须是其合法收入的自有资金，禁止吸收或变相吸收他人资金用于借贷。民间借贷发生纠纷，应当按照《最高人民法院关于审理民间借贷案件适用法律若干问题的规定》（法释〔2015〕18号）处理。

五、严禁非法活动

严厉打击利用非法吸收公众存款、变相吸收公众存款等非法集资资金发放民间贷款。严厉打击以故意伤害、非法拘禁、侮辱、恐吓、威胁、骚扰等非法手段催收贷款。严厉打击套取金融机构信贷资金，再高利转贷。严厉打击面向在校学生非法发放贷款，发放无指定用途贷款，或以提供服务、销售商品为名，实际收取高额利息（费用）变相发放贷款行为。严禁银行业金融机构从业人员作为主要成员或实际控制人，开展有组织的民间借贷。

六、改进金融服务

各银行业金融机构以及经有权部门批设的小额贷款公司等发放贷款或融资性质机构应依法合规经营，强化服务意识，采取切实措施，开发面向不同群体的信贷产品。改进金融服务，加大对实体经济的资金支持力度，为实体经济发展创造良好的金融环境，有效疏通金融服务实体经济渠道，服务供给侧结构性改革。

七、加强协调配合

民间借贷活动情况复杂、涉及方面多，按照《中华人民共和国银行业监督管理法》《中华人民共和国商业银行法》《非法金融机构和非法金融业务活动取缔办法》的规定，地方人民政府以及有关部门要加强协调配合，依法履行职责。

八、依法调查处理

（一）对利用非法吸收公众存款、变相吸收公众存款等非法集资资金发放民间贷款，以故意伤害、非法拘禁、侮辱、恐吓、威胁、骚扰等非法手段催收民间贷款，以及套取银行业金融机构信贷资金，再高利转贷等违反治安管理规定的行为或涉嫌犯罪的行为，公安机关应依法进行调查处理，并将非法发放民间贷款活动的相关材料移送银行业监督管理机构。

（二）对银行业金融机构从业人员参与非法金融活动的，银行业金融机构应当予以纪律处分，构成犯罪的，依法严厉追究刑事责任。

（三）对从事民间借贷咨询等业务的中介机构，工商和市场监管部门应依法加强监管。

九、加强宣传引导

银行业监督管理机构、公安机关、工商和市场监管部门、人民银行等有关单位采取各种有效方式向广大人民群众宣传国家金融法律法规和信贷规则。及时向社会公布典型案例，加大宣传教育力度，强化风险警示，增强广大人民群众的风险防范意识，引导自觉抵制非法民间借贷活动。

中国银行保险监督管理委员会有关部门负责人就《关于规范民间借贷行为、维护经济金融秩序有关事项的通知》答记者问

为进一步规范民间借贷行为，维护经济金融秩序，防范金融风险，切实保障人民群众合法权益，打击金融违法犯罪活动，中国银行保险监督管理委员会会同公安部、国家市场监督管理总局、中国人民银行，联合印发了《关于规范民间借贷行为、维护经济金融秩序有关事项的通知》（以下简称《通知》）。中国银行保险监督管理委员会有关部门负责人回答了记者提问。

1. 问：发布《通知》的背景是什么？

答：近年来，民间借贷发展迅速，但以暴力催收为主要表现特征的非法活动愈演愈烈，严重扰乱了经济金融秩序和社会秩序，妨碍了正常金融活动的健康发展。为进一步规范民间借贷行为，引导民间资金健康有序流动，防范金融风险，打击金融违法犯罪活动，净化社会环境，维护经济金融秩序和社会稳定，中国银行保险监督管理委员会等部门联合印发了《通知》。

2. 问：出台《通知》的法律依据是什么？

答：根据《中华人民共和国银行业监督管理法》《中华人民共和国商业银行法》《中华人民共和国刑法》《非法金融机构和非法金融业务活动取缔办法》等法律规范，中国银行保险监督管理委员会等部门联合印发了《通知》，进一步明确相关要求。

3. 问：《通知》明确的信贷规则是什么？

答：《通知》明确，未经有权机关依法批准，任何单位和个人不得设立从事或者主要从事发放贷款业务的机构或以发放贷款为日常业务活动。

4. 问：《通知》严禁了哪些非法活动？

答：《通知》指出，严厉打击以下非法金融活动：利用非法吸收公众存款、变相吸收公众存款等非法集资资金发放民间贷款；以故意伤害、非法拘禁、侮辱、恐吓、威胁、骚扰等非法手段催收贷款；套取金融机构信贷资金，再高利转贷；面向在校学生非法发放贷款，发放无指定用途贷款，或以提供服务、销售商品为名，实际收取高额利息（费用）变相发放贷款行为。同时，《通知》要求，严禁银行业金融机构从业人员作为主要成员或实际控制人，开展有组织的民间借贷。

5. 问：《通知》要求如何开展规范民间借贷工作？

答：一是各银行业金融机构以及经有权部门批设的小额贷款公司等发放贷款或融资性质机构应依法合规经营，强化服务意识，开发面向不同群体的信贷产品，加大对实体经济的支持力度。二是地方人民政府以及有关部门要加强协调配合，依法履行职责。三是银行业监督管理机构、公安机关、工商和市场监管部门、人民银行等有关单位将及时向社会公布典型案例，加大宣传教育力度，强化风险警示，增强广大人民群众的风险防范意识。

海关总署

中华人民共和国海关企业信用管理办法

（2018 年 1 月 29 日经海关总署署务会议审议通过
2018 年 3 月 3 日海关总署第 237 号令公布
自 2018 年 5 月 1 日起施行）

第一章　总　则

第一条　为推进社会信用体系建设，建立企业进出口信用管理制度，促进贸易安全与便利，根据《中华人民共和国海关法》《中华人民共和国海关稽查条例》《企业信息公示暂行条例》以及其他有关法律、行政法规的规定，制定本办法。

第二条 海关注册登记和备案企业以及企业相关人员信用信息的采集、公示，企业信用状况的认定、管理等适用本办法。

第三条 海关根据企业信用状况将企业认定为认证企业、一般信用企业和失信企业。认证企业分为高级认证企业和一般认证企业。

海关按照诚信守法便利、失信违法惩戒原则，对上述企业分别适用相应的管理措施。

第四条 海关根据社会信用体系建设有关要求，与国家有关部门实施守信联合激励和失信联合惩戒，推进信息互换、监管互认、执法互助（以下简称"三互"）。

第五条 认证企业是中国海关经认证的经营者（AEO）。中国海关依据有关国际条约、协定以及本办法，开展与其他国家或者地区海关的 AEO 互认合作，并且给予互认企业相关便利措施。

中国海关根据国际合作的需要，推进"三互"的海关合作。

第二章　信用信息采集和公示

第六条 海关可以采集能够反映企业信用状况的下列信息：

（一）企业注册登记或者备案信息以及企业相关人员基本信息；

（二）企业进出口以及与进出口相关的经营信息；

（三）企业行政许可信息；

（四）企业及其相关人员行政处罚和刑事处罚信息；

（五）海关与国家有关部门实施联合激励和联合惩戒信息；

（六）AEO 互认信息；

（七）其他能够反映企业信用状况的相关信息。

第七条 海关建立企业信用信息管理系统，对有关企业实施信用管理。企业应当于每年 1 月 1 日至 6 月 30 日通过企业信用信息管理系统向海关提交《企业信用信息年度报告》。

当年注册登记或者备案的企业，自下一年度起向海关提交《企业信用信息年度报告》。

第八条 企业有下列情形之一的，海关将其列入信用信息异常企业名录：

（一）未按照规定向海关提交《企业信用信息年度报告》的；

（二）经过实地查看，在海关登记的住所或者经营场所无法查找，并且无法通过在海关登记的联系方式与企业取得联系的。

列入信用信息异常企业名录期间，企业信用等级不得向上调整。

本条第一款规定的情形消除后，海关应当将有关企业移出信用信息异常企业名录。

第九条 海关应当在保护国家秘密、商业秘密和个人隐私的前提下，公示下列信用信息：

（一）企业在海关注册登记或者备案信息；

（二）海关对企业信用状况的认定结果；

（三）海关对企业的行政许可信息；

（四）海关对企业的行政处罚信息；

（五）海关与国家有关部门实施联合激励和联合惩戒信息；

（六）海关信用信息异常企业名录；

（七）其他依法应当公示的信息。

海关对企业行政处罚信息的公示期限为5年。

海关应当公布上述信用信息的查询方式。

第十条 自然人、法人或者非法人组织认为海关公示的信用信息不准确的，可以向海关提出异议，并且提供相关资料或者证明材料。

海关应当自收到异议申请之日起20日内进行复核。自然人、法人或者非法人组织提出异议的理由成立的，海关应当采纳。

第三章　企业信用状况的认定标准和程序

第十一条 认证企业应当符合海关总署制定的《海关认证企业标准》。

《海关认证企业标准》分为高级认证企业标准和一般认证企业标准。

第十二条 企业有下列情形之一的，海关认定为失信企业：

（一）有走私犯罪或者走私行为的；

（二）非报关企业1年内违反海关监管规定行为次数超过上年度报关单、进出境备案清单、进出境运输工具舱单等相关单证总票数千分之一且被海关行政处罚金额累计超过100万元的；

报关企业1年内违反海关监管规定行为次数超过上年度报关单、进出境备案清单、进出境运输工具舱单等相关单证总票数万分之五且被海关行政处罚金额累计超过30万元的；

（三）拖欠应缴税款或者拖欠应缴罚没款项的；

（四）有本办法第八条第一款第（二）项情形，被海关列入信用信息异常企业名录超过90日的；

（五）假借海关或者其他企业名义获取不当利益的；

（六）向海关隐瞒真实情况或者提供虚假信息，影响企业信用管理的；

（七）抗拒、阻碍海关工作人员依法执行职务，情节严重的；

（八）因刑事犯罪被列入国家失信联合惩戒名单的；

（九）海关总署规定的其他情形。

当年注册登记或者备案的非报关企业、报关企业，1年内因违反海关监管规定被海关行政处罚金额分别累计超过100万元、30万元的，海关认定为失信企业。

第十三条 企业有下列情形之一的，海关认定为一般信用企业：

（一）在海关首次注册登记或者备案的企业；

（二）认证企业不再符合《海关认证企业标准》，并且未发生本办法第十二条规定情形的；

（三）自被海关认定为失信企业之日起连续2年未发生本办法第十二条规定情形的。

第十四条 企业申请成为认证企业，应当向海关提交《适用认证企业管理申请书》。海关按照《海关认证企业标准》对企业实施认证。

第十五条 海关应当自收到《适用认证企业管理申请书》之日起90日内对企业信用状况是否符合《海关认证企业标准》作出决定。特殊情形下，海关认证时限可以延长30日。

第十六条 通过认证的企业，海关制发《认证企业证书》；未通过认证的企业，海关制发《不予适用认证企业管理决定书》。《认证企业证书》《不予适用认证企业管理决定书》应当送达申请人，并且自送达之日起生效。

企业主动撤回认证申请的，视为未通过认证。

未通过认证的企业1年内不得再次向海关提出认证申请。

第十七条 申请认证期间，企业涉嫌走私被立案侦查或者调查的，海关应当终止认证。企业涉嫌违反海关监管规定被立案调查的，海关可以终止认证。

申请认证期间，企业被海关稽查、核查的，海关可以中止认证。中止时间超过3个月的，海关终止认证。

第十八条 海关对高级认证企业每3年重新认证一次，对一般认证企业不定期重新认证。

重新认证前，海关应当通知企业，并且参照企业认证程序进行重新认证。对未通过重新认证的，海关制发《企业信用等级认定决定书》，调整企业信用等级。《企业信用等级认定决定书》应当送达企业，并且自送达之日起生效。

重新认证期间，企业申请放弃认证企业管理的，视为未通过认证。

第十九条 认证企业被海关调整为一般信用企业管理的，1年内不得申请成为认证企业。认证企业被海关调整为失信企业管理的，2年内不得成为一般信用企业。

高级认证企业被海关调整为一般认证企业管理的，1年内不得申请成为高级认证企业。

第二十条 自被海关认定为失信企业之日起连续2年未发生本办法第十二条规定情形的，海关应当将失信企业调整为一般信用企业。

失信企业被调整为一般信用企业满1年，可以向海关申请成为认证企业。

第二十一条 企业有分立合并情形的，海关对企业信用状况的认定结果按照以下原则作出调整：

（一）企业发生存续分立，分立后的存续企业承继分立前企业的主要权利义务的，适用海关对分立前企业的信用状况认定结果，其余的分立企业视为首次注册登记或者备案企业；

（二）企业发生解散分立，分立企业视为首次注册登记或者备案企业；

（三）企业发生吸收合并，合并企业适用海关对合并后存续企业的信用状况认定结果；

（四）企业发生新设合并，合并企业视为首次注册登记或者备案企业。

第二十二条 海关或者企业可以委托社会中介机构就企业认证相关问题出具专业结论。

第四章　管理措施

第二十三条　一般认证企业适用下列管理措施：

（一）进出口货物平均查验率在一般信用企业平均查验率的50%以下；

（二）优先办理进出口货物通关手续；

（三）海关收取的担保金额可以低于其可能承担的税款总额或者海关总署规定的金额；

（四）海关总署规定的其他管理措施。

第二十四条　高级认证企业除适用一般认证企业管理措施外，还适用下列管理措施：

（一）进出口货物平均查验率在一般信用企业平均查验率的20%以下；

（二）可以向海关申请免除担保；

（三）减少对企业稽查、核查频次；

（四）可以在出口货物运抵海关监管区之前向海关申报；

（五）海关为企业设立协调员；

（六）AEO互认国家或者地区海关通关便利措施；

（七）国家有关部门实施的守信联合激励措施；

（八）因不可抗力中断国际贸易恢复后优先通关；

（九）海关总署规定的其他管理措施。

第二十五条　失信企业适用下列管理措施：

（一）进出口货物平均查验率在80%以上；

（二）不予免除查验没有问题企业的吊装、移位、仓储等费用；

（三）不适用汇总征税制度；

（四）除特殊情形外，不适用存样留像放行措施；

（五）经营加工贸易业务的，全额提供担保；

（六）提高对企业稽查、核查频次；

（七）国家有关部门实施的失信联合惩戒措施；

（八）海关总署规定的其他管理措施。

第二十六条　高级认证企业适用的管理措施优于一般认证企业。

因企业信用状况认定结果不一致导致适用的管理措施相抵触的，海关按照就低原则实施管理。

第二十七条认证企业涉嫌走私被立案侦查或者调查的，海关应当暂停适用相应管理措施。认证企业涉嫌违反海关监管规定被立案调查的，海关可以暂停适用相应管理措施。海关暂停适用相应管理措施的，按照一般信用企业实施管理。

第二十八条 企业有本办法规定的向下调整信用等级情形的，海关停止适用相应管理措施，按照调整后的信用等级实施管理。

第五章 附 则

第二十九条 作为企业信用状况认定依据的走私犯罪，以司法机关相关法律文书生效时间为准进行认定。

作为企业信用状况认定依据的走私行为、违反海关监管规定行为，以海关行政处罚决定书作出时间为准进行认定。

企业主动披露且被海关处以警告或者5万元以下罚款的行为，不作为海关认定企业信用状况的记录。

第三十条 本办法下列用语的含义是：

“企业相关人员”，指企业法定代表人、主要负责人、财务负责人、关务负责人等管理人员。

“处罚金额”，指因发生违反海关监管规定的行为，被海关处以罚款、没收违法所得或者没收货物、物品价值的金额之和。

“拖欠应纳税款”，指自缴纳税款期限届满之日起超过3个月仍未缴纳进出口货物、物品应当缴纳的进出口关税、进口环节海关代征税之和，包括经海关认定违反海关监管规定，除给予处罚外，尚需缴纳的税款。

“拖欠应缴罚没款项”，指自海关行政处罚决定书规定的期限届满之日起超过6个月仍未缴纳海关罚款、没收的违法所得和追缴走私货物、物品等值价款。

“日”，指自然日。

“1年”，指连续的12个月。

“年度”，指1个公历年度。

“以上”“以下”，均包含本数。

“经认证的经营者（AEO）”，指以任何一种方式参与货物国际流通，符合本办法规定的条件以及《海关认证企业标准》并且通过海关认证的企业。

第三十一条 本办法由海关总署负责解释。

第三十二条 本办法自2018年5月1日起施行。2014年10月8日海关总署令第225号公布的《中华人民共和国海关企业信用管理暂行办法》同时废止。

海关总署政法司解读《海关企业信用管理办法》

2018年3月3日，海关总署公布了新修订的《中华人民共和国海关企业信用管理办法》（海关总署令第237号，以下简称《管理办法》），将自2018年5月1日起施行。与现行《海关企业信用管理暂行办法》（以下简称《暂行办法》）相比，即将施行的《管理办法》主要在以下几个方面进行改进和完善：一是落实了国家信用体系建设关于“守信联合激励、失信联合惩戒”有关要求；二是突出了海关信用管理的差别化原则，充分体现“诚信守法便利、失信违法惩戒”；三是进一步完善细化了企业信用状况认定标准和程序；四是体现了海关AEO国际互认合作的实践成果。上述修改对于进一步健全完善海关企业信用管理制度、推动构建以企业信用为核心的海关新型监管机制具有积极意义和重要作用。为使广大进出口企业和行政相对人准确理解和正确执行《管理办法》相关规定，现就有关问题解读如下：

一、关于海关信用管理制度的适用范围

本次修订主要从两个方面拓展了海关企业信用管理制度的适用范围：一是扩大了海关信用管理制度适用企业范围；二是将企业相关人员信用信息纳入海关信用管理范畴。具体内容如下：

（一）关于扩大适用企业范围。《暂行办法》所规定的适用企业主要是海关注册登记企业，其范围包括报关企业、进出口货物收发货人、海关监管作业场所经营企业以及承运海关监管货物的境内运输企业等。本次修订在上述规定的基础上增加了海关实施备案管理的企业，主要包括进出境快件运营人、进出境运输工具负责人和服务企业以及来往港澳货运企业等。至此，在海关信用管理领域实现了对海关注册登记企业和备案企业的全覆盖。

（二）关于企业相关人员信用信息。本次修订将企业相关人员的信用信息纳入海关企业信用管理制度，即企业相关人员信用信息的采集、公示和管理适用《管理办法》的有关规定。根据公司法规定并结合海关执法实践需要，《管理办法》将“企业相关人员”的范围限定为法定代表人、主要负责人、财务负责人和关务负责人等与海关企业管理密切相关的高级管理人员。海关采集企业相关人员的信用信息，一方面是为避免原有企业被海关评定为失信企业后，相关人员“改头换面”重新注册企业逃避海关信用管理，另一方面也是为了拓展海关信用信息采集范围，通过汇总各方面数据信息，运用大数据分析等方式加强对进出口企业的信用管理。

二、关于企业信用状况的基本分类

《管理办法》规定，海关根据企业信用状况将企业分为认证企业、一般信用企业和失信企业。海关按照“诚信守法便利、失信违法惩戒”原则，对上述企业分别适用相应的管理措施。概括而言，对认证企业实施具有一定激励性和便利性的管理措施，对失信企业实施具有一定约束性和惩戒性的管理措施；对于一般信用企业，海关适用常规性的管理措施。

认证企业即为中国海关经认证的经营者（AEO）。借鉴国际海关“经认证经营者”制度的管理模式并结合中国海关企业信用管理的实际需要，《管理办法》将认证企业分为高级认证企业和一般认证企业。中国海关积极推动“经认证经营者”的国际互认，目前已与 8 个经济体的 35 个国家或者地区海关实现了 AEO 互认。中国海关与其他国家或者地区海关开展互认的企业主要是海关高级认证企业，相互给予互认企业包括便捷通关在内的相关优惠便利措施。

三、关于守信联合激励和失信联合惩戒

《社会信用体系建设规划纲要（2014－2020）》《国务院关于建立守信联合

激励和失信联合惩戒制度 加快推进社会诚信建设的指导意见》（国发〔2016〕33号）对于建立完善守信联合激励和失信联合惩戒制度作出明确规定。海关在落实上述制度方面已开展了相关工作，截至2017年底，海关总署已与国务院相关部门签署了26个实施联合激励与联合惩戒的合作备忘录。本次修订特别增加了实施联合激励和联合惩戒的相关规定，以落实国家信用体系建设的部署和要求。一方面在《管理办法》总则部分专门增加了一条原则性规定，即“海关根据社会信用体系建设有关要求，与国家有关部门实施守信联合激励和失信联合惩戒”，同时在信用信息采集和公示条款、失信企业认定标准条款以及高级认证企业和失信企业管理措施条款都规定了联合奖惩的相关内容。

守信联合激励和失信联合惩戒机制，是社会信用体系建设的核心机制之一，关键在于“联合”，通过建立跨地区、跨部门、跨领域的联合激励与惩戒机制，形成政府部门协同联动、行业组织自律管理、信用服务机构积极参与、社会舆论广泛监督的社会共同治理格局，一方面加大对失信主体的惩戒力度，为其失信行为付出高昂代价；同时对诚实守信主体联合予以激励，共同给予褒奖，使其能够获得更多的便利和实惠，实现让守信者一路绿灯、失信者寸步难行，从而形成引导社会成员和市场主体诚实守信的正确导向。

建立海关与国家有关部门的联合激励和惩戒制度，是《管理办法》一项主要修订内容，同时也是健全完善海关企业信用管理体系的一项重要举措。《管理办法》对高级认证企业和失信企业分别规定了适用国家有关部门实施的联合激励和联合惩戒措施，将有关管理措施由海关业务领域拓展至相关管理部门，扩大了海关信用管理的空间和范围，在给予守法诚信企业更多优惠便利的同时，进一步加大了对违法失信企业的惩戒力度，对于构建以企业信用为核心的海关新型监管机制具有重要意义。

四、关于企业信用信息的采集

关于《管理办法》规定的企业信用信息采集问题，重点从以下两个方面进行说明和解读。

（一）关于信息采集的范围

《管理办法》第六条采取列举方式对于海关采集能够反映企业信用状况的信息范围作出规定，重点把握以下几个问题：

一是鉴于《管理办法》将企业相关人员纳入海关企业信用管理范畴，在信息采集范围中相应增加了企业相关人员基本信息的规定。这类基本信息主要包括人员姓名、性别、身份证件号码、职务、联系方式等。

二是根据国务院行政许可和行政处罚“双公示”的要求以及推行联合激励与惩戒制度的需要，本次修订将企业行政许可信息、企业及其相关人员行政处罚和刑事处罚信息以及海关与国家有关部门实施联合激励和联合惩戒信息纳入采集范围。

三是海关所采集的信用信息不限于海关业务管理领域，其他管理部门掌握的能够反映进出口企业信用状况的相关信息也属于采集范围。例如，企业行政许可和行政处罚信息，除海关的许可和处罚信息外，如果该企业取得市场监督管理部门的行政许可，或者被税务机关给予行政处罚，海关也可采集有关信息。

四是海关采集的信用信息并非全部对外公开，采集范围大于公示范围。一方面，海关负有保护国家秘密、商业秘密和个人隐私的责任，涉及这部分内容的信用信息不得对外公开；另一方面，海关公示企业信用信息应当符合《企业信息公示暂行条例》的规定，海关不能超出上位法规定公示企业相关信用信息。《管理办法》第十条对于公示信息范围作出具体规定。

（二）关于信息采集的途径

根据《管理办法》的规定并结合执法实践，海关采集企业信用信息主要通过以下三种途径：一是企业办理注册登记或者备案手续时向海关提供的信息，主要涵盖企业以及企业相关人员的基本信息。这部分信息是企业根据办理相关业务的需要，依据有关规定向海关提供的，并不是海关基于信用管理的需要专门向企业采集的，没有给企业增加额外负担。二是海关通过国家统一的全国信用信息共享平台所获取的其他行政管理部门掌握的信息，这部分信息是海关通过与其他管理部门实施信息交换（共享）获取的，并不是直接向企业采集的。这是目前海关采集企业信用信息的主要途径和方式。三是海关通过企业信用信息年度报告制度获取的信息。《管理办法》第七条规定，“海关建立企业信用信息管理系统。企业应当于每年 1 月 1 日至 6 月 30 日通过企业信用信息管理系统向海关提交《企业信用信息年度报告》”。《管理办法》施行后，《企业信用信息年度报告》将取代《海关报关单位注册登记管理规定》所规定的《报关单位注册信息年度报告》，避免企业重复报告。

五、关于信用信息异常企业名录

建立信用信息异常企业名录是根据《企业信息公示暂行条例》的有关规定在本次修订中的新增内容。《管理办法》所规定的“信用信息异常企业”主要包括两种情形：一是未按规定向海关进行信用信息年度报告的。根据《管理办法》第七条规定，企业应当在每年6月30日前通过企业信用信息管理系统向海关提交《企业信用信息年度报告》，未在6月30日前提交或者虽然提交但不符合海关规定的企业即为信用信息异常企业。二是失联企业，即经过实地查看，在海关登记的住所或者经营场所无法查找并且通过在海关登记的联系方式无法取得联系的企业。根据《管理办法》规定，对于上述两类企业海关将列入“信用信息异常企业名录”并向社会公开，其主要目的在于将海关对有关企业信用状况的负面评价公之于众，一方面使相关部门和市场主体知悉有关企业在海关管理领域的信用状况，以便采取措施加强管理或者予以防范；另一方面也可以督促有关企业及时整改，消除信用信息异常情形。海关对信用信息异常企业名录实施动态管理，信用信息异常情形一经消除，海关即将有关企业移出名录。

需要说明的是，列入信用信息异常企业名录的企业将面临两方面的不利后果：一是由于这类企业或者是未按规定向海关报告信用信息，或者是处于失联状态，属于信用状况不稳定或者信用缺失，因此在列入名录期间企业信用等级不得向上调整。例如，一般信用企业如果被海关列入信用信息异常企业名录，在此期间其信用等级不会提升为一般认证企业。二是调整为失信企业管理。根据《管理办法》第十二条第（四）项规定，属于信用信息异常情形的失联企业，如果被海关列入信用信息异常企业名录超过90日的，海关将其调整为失信企业。

六、关于失信企业的认定标准

根据国家信用体系建设要求并结合海关执法实践，本次修订对原办法所规定的“失信企业认定标准”作出较大幅度的修改和完善，在适当调整失信行为、使其能够涵盖海关执法实践中需要对企业信用状况作出负面评价主要情形的基础上，重点提高了对失信企业的认定标准，以适应加大对失信企业惩戒力度的制度设计，更好地体现过罚相当原则。主要包括以下几个方面：

一是将企业违规行为比例标准与年度行政处罚累计金额由二选一关系（具有其一即可）调整为叠加关系（两者必须同时符合）。具体而言，对于报关企业，将原办法规定的1年内违规行为次数超过上年度报关单、进出境备案清单总票数万分之五的或者被海关行政处罚金额累计超过10万元的标准调整为两者必须同时具备，同时将年度行政处罚累计金额由10万元提高到30万元（对于非报关企业同样按照上述原则作出调整），明显提高了失信企业的认定标准。例如，如果一家报关企业1年内发生6次违规行为，其上一年度报关单总票数为1万票。在适用原办法规定的情况下，不考虑企业6次违规行为被海关行政处罚的累计金额，单就违规行为比例已超过万分之五，应降为失信企业；而《管理办法》施行后，即使企业违规行为比例超过万分之五，但如果行政处罚累计金额未超过30万元，仍可不予调整为失信企业。

二是将原办法规定的"经过实地查看，确认企业登记的信息失实且无法与企业取得联系"情形调整为《管理办法》第八条第（二）项规定的企业失联情形，同时增加了"被海关列入信用信息异常企业名录超过90日"作为认定企业失信的成立要件。上述规定既适应海关执法实践需要，同时也兼顾了对企业合法权益的保障，避免因一时无法取得联系，就将企业认定为失信企业。

三是将原办法规定的"涉嫌走私、违反海关监管规定拒不配合海关进行调查的"情形调整为"抗拒、阻碍海关工作人员依法执行职务"。原办法的规定主要指向拒不配合海关调查，范围过窄，没有涵盖抗拒、阻碍海关稽查、核查等依法执行职务的行为。鉴于此，本次修订对其范围作出相应拓展，统一指向"抗拒、阻碍海关工作人员依法执行职务"，同时规定"情节严重"作为该情形的成立要件。

四是为落实国家信用体系建设要求，推动海关与国家有关部门实施联合激励和联合惩戒制度，将因刑事犯罪被列入国家失信联合惩戒名单的企业认定为海关信用管理领域的失信企业。

本次修订在增加和调整部分失信企业认定标准的同时，还取消了原办法所规定的部分认定标准，其主要目的是提高失信企业认定门槛，避免因轻微过错就使企业的信用等级被下调为失信。譬如，《管理办法》不再将报关差错率作为失信企业认定标准。原办法规定，"上一季度报关差错率高于同期全国平均报关差错率1倍以上的"企业为失信企业，而目前全国海关平均报关差错率在2%以下，如果企业报关单数量较少，只要出现1次报关差错，该企业的报关差错率就有可能超过全国平均报关差错率1倍以上，进而被海关认定为失信企业。执法实践中，出现报关差错很多情况下是由于企业相关人员工作疏忽所致，主观上并无逃避海关监管的故意，同时也承担了相应的法律责任，这种情况如果再因此被降为失信企业管理，则处理过重，有悖于过罚相当原则，因此本次修订删除了有关内容。基于同样考虑，本次修订还删除了原办法规定的“被海关依法暂停从事报关业务”的情形，资格罚并非仅适用于情节严重的违法行为（违法行为性质以及情节严重程度影响暂停业务时间），单纯以资格罚作为失信企业认定标准同样可能产生过罚失当问题。

七、关于企业信用状况的认定程序

本次修订进一步完善了企业信用状况的认定程序，体现了依法行政的程序正当性要求，对于规范海关信用管理、保障企业合法权益具有积极意义。

（一）关于重新认证程序

重新认证是指海关在一定期限内对已通过认证企业的信用状况是否符合《海关认证企业标准》进行重新认定的程序，是海关对认证企业实施动态管理的重要举措。《管理办法》规定，海关对高级认证企业每3年重新认证一次，对一般认证企业不定期重新认证。需要说明的是，《管理办法》关于重新认证“每3年一次”的规定是针对高级认证企业正常情况下的重新认证程序，如果高级认证企业涉嫌违反规定或者出现信用管理风险，海关在认为必要时可以对其信用状况进行审查和评估，并采取相应管理措施和手段。这种情况不属于《管理办法》所规定的“重新认证”，不受“每3年一次”认证期限的限制。此外，《管理办法》还明确，重新认证期间，企业申请放弃认证企业管理的，海关对其信用状况给予负面评价，即按照未通过认证企业处理，下调其信用等级。

（二）关于终止认证和中止认证

本次修订在原办法规定的基础上进一步完善了认证程序终止制度，区分企业涉嫌走私和涉嫌违反海关监管规定的不同情形作出不同的制度安排：企业因涉嫌走私被海关立案侦查或者调查的，可能涉及比较严重的违法情事且案件查办时间往往较长，继续执行认证程序缺乏实际意义，海关应当终止认证；企业因涉嫌违反海关监管规定被立案调查的，海关可以根据实际情况决定是否终止认证。譬如海关行政处罚简单案件，违法事实清楚，情节轻微，案件办理时间较短，对认证程序的执行不会产生实质性影响，海关可以继续执行有关程序。需要注意的是，原办法关于海关终止认证情形中规定的“企业主动撤回认证申请”，在新修订的《管理办法》中不再作为终止认证处理，而是“视为未通过认证”，有关企业 1 年内不得再次向海关提出认证申请。

除完善终止认证制度外，本次修订还增加了中止认证程序的规定。《管理办法》规定，企业在申请认证期间被海关稽查、核查的，海关可以中止认证；中止时间超过 3 个月的，海关终止认证。作出上述规定的主要考虑是海关稽查、核查属于正面监管手段，并不意味对企业的负面评价，海关可以根据企业具体情况决定是否有必要暂时停止认证程序；如果稽查、核查期限过长，中止时间超过 3 个月的，海关可以终止认证程序。

（三）关于企业信用等级的动态调整

海关对企业的信用评级并非“终身制”，将根据企业的信用状况适时作出调整。《管理办法》规定，认证企业如果没有通过重新认证，海关将下调其相应的信用等级；认证企业涉嫌走私或者违反海关监管规定，在有关案件未予定性处理前，海关对其暂停适用相应的管理措施，按照一般信用企业实施管理；认证企业经查明有《管理办法》所规定的失信情形的，海关将立即停止适用相应管理措施，对其按照失信企业实施管理。

失信企业如果加强规范管理、守法诚信经营，在满足一定条件的情况下其信用等级可以恢复为一般信用企业，并有可能被进一步提升为认证企业。《管理办法》规定，自被海关认定为失信企业之日起连续 2 年未发生《管理办法》所规定失信情形的，海关应当将其信用等级调整为一般信用企业；失信企业被调整为一般信用企业满 1 年的，可以向海关申请成为认证企业。需要注意的是，本次修订将失信企业调整为一般信用企业的时间期限由原来的 1 年延长至 2 年，增加了失信企业信用修复的时间成本，在一定程度上加大了对失信企业的惩戒力度。

八、关于企业信用管理措施

本次修订对于原办法所规定的企业信用管理措施作出较大幅度的修改和调整，在赋予认证企业更多与其信用状况相适应的优惠便利措施的同时，为失信企业设定了更为严格的管理措施，以充分体现“诚信守法便利、失信违法惩戒”的信用管理原则和理念。本次修订对企业信用管理措施的调整主要体现在以下方面：

（一）关于一般认证企业适用的管理措施

一是将原办法所规定的“较低进出口货物查验率”修改为“进出口货物平均查验率在一般信用企业平均查验率的50%以下”，具体量化了较低查验率的执行标准，以一般信用企业平均查验率为基准，明确了一般认证企业平均查验率的比例上限，增强企业预期，提升有关便利措施的可操作性。

二是增加了海关事务担保方面的优惠措施，规定“海关收取的担保金额可以低于其可能承担的税款总额或者海关总署规定的金额”。《海关事务担保条例》规定，当事人为提前放行货物或者为办理特定海关业务提供的担保，担保金额不得超过可能承担的最高税款总额或者海关总署规定的金额。基于《海关事务担保条例》的上述规定，《管理办法》赋予一般认证企业在办理海关事务担保方面的优惠措施，即海关可以根据企业信用状况和风险评估情况决定按比例收取担保（企业无需全额缴纳），减轻企业负担和资金占用压力，进一步增强企业的获得感。

（二）关于高级认证企业适用的管理措施

一是增加了高级认证企业进出口货物平均查验率的规定。基于高级认证企业适用的管理措施优于一般认证企业的原则，明确高级认证企业进出口货物的平均查验率在一般信用企业平均查验率的20%以下，具体量化数量标准，增强企业可预期性，体现了高级认证企业在便捷通关方面的优势地位。

二是赋予高级认证企业向海关申请免予提交担保的资格。本次修订在高级认证企业所适用的管理措施中增加了“可以向海关申请免除担保”的规定。需要说明的是，高级认证企业只是享有申请免除担保的资格，并不自然获得担保责任的豁免，最终需要由海关根据具体情况决定是否批准。如果高级认证企业存在信用缺失或者监管风险，海关可以按照一般认证企业标准按比例收取担保，也可以全额收取。

三是赋予高级认证企业出口货物“运抵前申报”资格。海关法第二十四条规定，“出口货物发货人除海关特准的外应当在货物运抵海关监管区后、装货的二十四小时前向海关申报”。上述制度安排的主要目的是保证海关对进出口货物的有效监管，防止企业虚假申报、货物未实际离境、企业骗取出口退税或者实施其他违法行为。高级认证企业是海关业务管理领域信用等级最高的企业。《管理办法》对于高级认证企业在出口货物申报方面规定了有别于其他信用等级企业的管理措施，即不再将“出口货物运抵海关监管区”作为申报的前提条件，将“高级认证企业出口货物运抵前申报”作为海关法第二十四条所规定的“海关特准”情形，在高级认证企业所适用的管理措施中增加了相关规定。

（三）关于失信企业适用的管理措施

一是将原办法所规定的“较高进出口货物查验率”修改为“进出口货物平均查验率在80%以上”，确定了较高查验率的具体标准，使企业对此有明确预期，同时也提高了有关措施的可操作性。

二是将失信企业排除于查验没有问题免除相关费用的企业范围。国务院出台“免除查验没有问题企业相关费用”政策的初衷是为守法企业提供通关便利、降低运营成本；而对失信企业适用较高的查验率（进出口货物平均查验率在80%以上），既是依法严格监管的需要，同时也带有一定惩戒性质。如果这部分的费用也由国家财政承担，不仅有悖于出台上述政策措施的目的和初衷，也将削弱较高查验率对失信企业的震慑和惩戒作用。鉴于此，本次修订在失信企业的管理措施中增加了“不予免除查验没有问题企业的吊装、移位、仓储等费用”。

三是明确失信企业不适用相关通关便利措施。对失信企业除适用较高进出口货物查验率外，本次修订还将其排除于相关通关便利措施的适用范围，主要包括汇总征税制度和存样留像放行措施。对于前者，失信企业不能在提供总担保的情况下先行办理货物放行手续再集中缴纳税款，只能适用逐票缴纳税款的征管模式；对于后者，除特殊情况外，失信企业在通关环节也不能适用对货物取样留像后先予放行的便利措施。这里的“特殊情况”主要是指进出口货物属于危化品、鲜活、易腐、易失效、易变质等不宜长期保存的货物。对于失信企业而言，上述通关便利措施的禁用，将增加企业的经营成本，影响其进出口货物的通关效率，加大其与认证企业特别是高级认证企业在信用管理措施方面的政策落差。

四是明确经营加工贸易业务的失信企业所涉海关事务担保的有关要求。2017年8月，经国务院批准，海关总署和商务部在全国范围内取消了加工贸易银行保证金台账制度。保证金台账“实转”管理事项调整为海关事务担保事项，企业按照海关事务担保有关规定办理相关手续。基于上述改革背景和管理新规，《管理办法》明确对于经营加工贸易业务的失信企业，在办理海关事务担保时应当提供与其需要履行的法律义务相当的全额担保。失信企业所适用的该项管理措施，与一般认证企业适用的“海关按比例收取担保”以及高级认证企业适用的“可以向海关申请免除担保”的相关措施形成鲜明反差，突出了海关信用管理的差别化原则，体现了“诚信守法便利、失信违法惩戒”的信用管理价值导向。

住房城乡建设部

关于进一步做好房地产市场调控工作有关问题的通知

2018 年 5 月 19 日　　建房〔2018〕49 号

各省、自治区住房城乡建设厅，北京市住房城乡建设委员会，上海市住房城乡建设管理委员会，天津市、重庆市国土资源房屋管理局：

2018 年以来，各地贯彻落实党中央、国务院决策部署，分类调控，因城施策，房地产市场总体保持平稳运行。近一段时间以来，部分城市房地产市场出现过热苗头，投机炒作有所抬头，风险不容忽视。为促进房地产市场平稳健康发展，现就有关事项通知如下：

一、坚持调控目标不动摇、力度不放松

各地要牢固树立“四个意识”，提高政治站位，毫不动摇地坚持“房子是用来住的、不是用来炒的”定位，坚持调控政策的连续性稳定性，认真落实稳房价、控租金，降杠杆、防风险，调结构、稳预期的目标任务，支持刚性居住需求，坚决遏制投机炒房，因地制宜，精准施策，确保房地产市场平稳健康发展。

二、加快制定实施住房发展规划

各城市要结合当地经济社会发展水平、住房供需状况、人口变化情况，科

学编制住房发展规划，明确住房发展目标、重点任务和政策措施，合理确定住房和用地供应规模、结构、时序，引导相关资源合理配置。城市住房发展规划报上级政府备案后实施，主要目标和指标纳入当地经济社会发展预期指标管理。2018年底前，一线、二线城市要编制完成2018年至2022年住房发展规划，并报住房城乡建设部备案后向社会公布实施。

要统筹城镇基础设施和空间布局，促进大中小城市和小城镇协调发展，增强中小城市和小城镇的承载力和吸引力，引导产业、就业和人口有序流动，促进职住平衡。

三、抓紧调整住房和用地供应结构

各地要落实人地挂钩政策，有针对性地增加住房和用地有效供给。切实提高中低价位、中小套型普通商品住房在新建商品住房供应中的比例。要改进商品住房用地供应方式，建立房价地价联动机制，防止地价推涨房价。

热点城市要提高住房用地比例，住房用地占城市建设用地的比例建议按不低于25%安排。要大幅增加租赁住房、共有产权住房用地供应，确保公租房用地供应。力争用3—5年时间，公租房、租赁住房、共有产权住房用地在新增住房用地供应中的比例达到50%以上。

热点城市要积极探索推动供地主体多元化，在权属不变、符合土地利用总体规划和城乡规划的情况下，非房地产企业依法取得使用权的国有土地可作为租赁住房用地，6月底前，北京、上海、广州、深圳、天津、南京、苏州、无锡、杭州、合肥、福州、厦门、济南、郑州、武汉、成都市要提出并上报建设租赁住房的具体实施方案。开展租赁住房、利用集体建设用地建设租赁住房、共有产权住房试点城市，6月底前要向住房城乡建设部和相关部门报告试点进展情况。

四、切实加强资金管控

要加强个人住房贷款规模管理，落实差别化住房信贷政策，强化对借款人还款能力的审查，严格管控消费贷款、经营贷款等资金挪用于购房加杠杆行为。严格落实企业购地只能用自有资金的规定，加强住房用地购地资金来源审查，严控购地加杠杆行为。

五、大力整顿规范房地产市场秩序

各地要严厉打击房地产企业和中介机构违法违规行为，严肃查处捂盘惜售、炒买炒卖、规避调控政策、制造市场恐慌等违法违规行为。要持续保持高压严查态势，对各类违法违规行为，发现一起，查处一起，并向社会公布，形成震慑。

六、加强舆论引导和预期管理

各地要全面落实住房销售合同网签备案制度，定期发布权威信息；加强政策解读和市场信息公开，及时澄清误读，正面引导舆论。严厉打击利用自媒体公众号等网络媒体炒作渲染房价上涨、散布虚假信息等行为，营造良好的舆论氛围，稳定市场预期。

七、进一步落实地方调控主体责任

各地要坚决落实新发展理念，加快转变发展方式，切实落实主体责任。住房城乡建设部将加快建立房地产市场评价和监测预警体系，细化评价单元，完善对地方房地产调控工作的评价考核机制，具体落实地方政府稳房价、控租金的主体责任。同时严格督查，对工作不力、市场波动大、未能实现调控目标的地方，坚决问责。

[司法实务问题研究]

司法拍卖中评估价过高问题的法律分析

——兼评《最高人民法院关于人民法院确定财产处置参考价若干问题的规定》

邵　然*

在党中央全面推进供给侧结构性改革的决策部署中，去产能、去库存、去杠杆、降成本、补短板是供给侧结构性改革的工作重点。具体到司法执行工作，提高强制拍卖的成交率，加快查封资产的盘活与变现，从而终结债务纠纷，解决“执行难”问题，是在供给侧结构性改革背景下提升司法执行工作的必行之举。而在我国的司法拍卖实务中，一直存在强制拍卖成交率过低的问题，例如，江苏省常州市武进区人民法院 2014 年网拍成交率为 17.5%，流拍率为 82.5%①；浙江省网拍近几年的首拍成交率平均为 16.07%，二拍成交率平均为 31.12%，三拍成交率平均为 16.73%②；厦门某法官统计分析某市 2014 年 5 月至 2016 年 5 月的 2213 次司法拍卖中，首拍成交率仅为 13.66%，二拍、三拍及最终成交率分别为 30.595%、50% 及 56.040%。③

客观来说，影响司法拍卖成交率的因素很多，但从根本上来说，因司法拍

* 中国信达资产管理股份有限公司法律合规部经理。

① 范千平：《提升司法拍卖效率破解执行难题》，载《上海法治报》2015 年 9 月 23 日。

② 范千平：《浙江省淘宝网司法拍卖调研情况分析（之二）》，载 http://blog.sina.com.cn/s/blog_52f756480101c7tl.html，于 2018 年 6 月 4 日访问。

③ 陈志鑫：《司法拍卖不能的实践分析与优化——以拍卖次数的限制为切入点》，载《上海政法学院学报（政治论丛）》2016 年第 5 期。

卖采用设保留价增价拍卖的方式，买受人参与拍卖的前提是拍卖保留价不高于资产的实际价值。那么，决定拍卖保留价的评估价成为影响司法拍卖成交率的重要因素，对执行财产的高估直接抬高了拍卖保留价，拉低了拍卖成交率。司法评估价过高的问题不仅降低了查封资产的变现率和处置速度，不利于资源有效配置，还直接影响了司法资源的运用效率与质量，最终影响到市场债务风险的顺利化解。

司法实践中的评估价过高问题，得到了最高人民法院的重点关注。2018年6月4日，最高人民法院召开审判委员会全体会议，审议并原则通过《最高人民法院关于人民法院确定财产处置参考价若干问题的规定》（以下简称《规定》），并于2018年9月1日起施行。《规定》旨在公平、公正、高效确定财产处置参考价，维护当事人、利害关系人的合法权益，不仅规定了多种确定财产处置参考价的方式，还改革了评估付费、评估异议等机制，对解决执行难问题具有重要意义，但也有补充完善之空间。本文将通过剖析司法评估工作各方主体的权、责、利关系，评析《规定》在解决司法评估价失实问题方面的重要举措，并对《规定》提出一些实操性的完善建议。

一、《规定》立法背景：司法评估相关司法解释

（一）司法解释之“变”与“不变”

在我国的民事执行制度中，最高人民法院参考各国民事执行法，通过一系列司法解释确立了“先行评估”的原则。虽然拍卖保留价与评估价的比例规则几经更改，但在《规定》发布之前，一直将评估价作为确定拍卖保留价的主要依据。首先，《关于人民法院民事执行中拍卖、变卖财产的规定》（法释〔2004〕16号，以下简称“法释〔2004〕16号规定”）第四条规定：“对拟拍卖的财产，人民法院应当委托具有相应资质的评估机构进行价格评估。对于财产价值较低或者价格依照通常方法容易确定的，可以不进行评估。”第八条规定：“拍卖应当确定保留价。拍卖保留价由人民法院参照评估价确定；未作评估的，参照市价确定，并应当征询有关当事人的意见。人民法院确定的保留价，第一次拍卖时，不得低于评估价或者市价的百分之八十；如果出现流拍，再行拍卖时，可以酌情降低保留价，但每次降低的数额不得超过前次保留价的百分之二十。”

在此之后，为规范人民法院委托评估、拍卖和变卖工作，保障当事人的合法权益，维护司法公正，最高人民法院在《关于人民法院委托评估、拍卖和

变卖工作的若干规定》（法释〔2009〕16号，以下简称"《法释〔2009〕16号规定》"）中改变了拍卖保留价的确定规则，限制了法院在确定保留价方面的自由裁量权，直接规定评估价为一拍的保留价。[①] 至2016年，为规范网络司法拍卖行为，保障网络司法拍卖的公开、公平、公正、安全、高效，《关于人民法院网络司法拍卖若干问题的规定》（法释〔2016〕18号）恢复法院在确定保留价方面的自由裁量权，但仅限于网络司法拍卖程序，且规定网络司法拍卖的保留价（即起拍价）不得低于评估价或者市价的百分之七十。[②]

可以看出，最高人民法院根据司法实践多次改革拍卖保留价的确定规则，是为"变"，但始终不变的是对"先行评估"原则的遵循，是对评估价的"尊重"。值得注意的是，《规定》施行之前的司法解释还规定了可不进行评估的情形，此时的保留价"由法院参照市价确定，并征询当事人的意见"，但在实务中，因法院缺乏估算执行财产价格的专业能力，当事人在保留价的确定上也难以达成一致，导致在执行实务中，各地法院均将评估作为拍卖的前提，拍卖保留价全部按照评估价确定。

（二）流拍之困境

司法评估价过高的直接后果就是流拍。如出现司法拍卖流拍的情况，根据"法释〔2004〕16号规定"，二拍仍流拍的，应进行三拍、变卖，除非执行债权人同意以该次拍卖、变卖所定的保留价接受以物抵债。如债权额低于抵债财产的价额，执行债权人还应在法院要求的期间内补交差额。如执行债权人不接受以物抵债，法院应当解除查封、冻结，将该财产退还被执行人，但对该财产可以采取其他执行措施的除外。[③]

根据"法释〔2004〕16号规定"，三拍的保留价下限为评估价的64%（网络司法拍卖保留价下限为评估价的44.8%），变卖价的下限为评估价的50%，这是司法拍卖、变卖的最低价格，如没有买受人愿意按此价格买受执行财产，执行债权人只能接受以物抵债，否则法院将解除对拍卖财产的查封、冻结，并将该财产退还被执行人。而如债权人接受以物抵债，对于保留价、变卖价高于债权金额的情形，法院一般会认为超出债权本息金额的部分属于"不

① 参见《最高人民法院关于人民法院委托评估、拍卖和变卖工作的若干规定》（法释〔2009〕16号）第十三条。

② 参见《最高人民法院关于人民法院网络司法拍卖若干问题的规定》（法释〔2016〕18号）第十条。

③ 参见《最高人民法院关于人民法院民事执行中拍卖、变卖财产的规定》（法释〔2004〕16号）第十九条、第二十七条、第二十八条。

当得利”，要求接受抵债的债权人将超额抵债部分以现金形式支付法院，法院再返还债务人或向其他债权人分配。但这种司法裁判会导致债权人不仅在没有现金回收的情况下支付差价，而且还要承担后续处置不能和抵债资产贬损的巨大风险。

二、问题剖析：各方主体权、责、利违和

司法评估价过高的原因是多方面的，评估机构、执行法院和被执行人都难辞其咎，究其本源，还是各方利益冲突所导致的责任不明和权利滥用。

（一）评估机构权、责、利考量

1. 评估机构故意做高评估价以提高评估费

法院委托评估机构进行司法评估属于公法法定关系，在评估领域，也将司法评估归类为法定资产评估业务，但《规定》之前的法律并没有统一规范司法评估费的收取方式。国家发改委、财政部2009年发布的《资产评估收费管理办法》（发改价格［2009］2914号）曾规定资产评估机构提供法定资产评估服务的，实行政府指导价，可实行计件收费、计时收费等或计件收费与计时收费相结合的收费方式。计件收费可以被评估资产账面原值为计费依据，采取差额定率累进计算办法收取评估费用。即按被评估资产的账面原值的大小划分收费档次，分档计算收费额、各档相加为评估收费总额。但该办法于2016年废止后，相关主管部门一直没有出台新的规定。

《规定》实施之前，司法评估收费主要依据各地发布的一些规范性文件，司法评估费基本都是直接按照评估价的一定比例收取。因此，在利益驱动下，评估机构对执行财产的评估价一般“就高不就低”，甚至故意提高评估价，从而收取高额的评估费。在实践中，有的评估价降价两次后还比市场价高。①

2. 评估依据缺乏“实事求是”

在司法评估中，普遍存在评估依据客观性不足的问题，评估机构未能根据执行财产的实际情况，“实事求是”地出具评估报告，导致评估价过高。主要原因包括三个方面：一是执行财产存在瑕疵，如执行财产可能存在欠缴巨额税费、权属争议、被出租占用、房产权证记载面积与实际不符等瑕疵，而执行财产的实际情况一般需由买受人自行核实、自行查看，过户登记手续也需要买受人自行办理，法院对执行财产不承担任何瑕疵保证，亦不负责腾空交付。二是

① 李斌，殷萍：《强制拍卖财产拍卖为何成功率低》，载《中国拍卖》2013年第1期。

评估机构和评估人员不尽职，估价程序不规范，未能对执行财产的现状进行充分的调查核实和现场查勘，未能全面了解执行财产的现状，如未充分核实执行财产是否有权属瑕疵，是否存在权利负担，是否签署长期租约等，而是在相关证件手续齐全、资产状况良好的“假设”前提下进行评定估算。三是评估方法不符合执行财产的实际情况，未考虑快速变现因素的影响。目前评估机构主要采用重置成本法和现行市价法进行司法评估，而这两种评估方法都没有考虑执行财产需要快速变现的客观因素，评估价所反映的是执行财产的市场价值，并未反映其拍卖价值。

（二）法院权、责、利考量

1. 法院未能尽职尽责

在司法评估中，法院与评估机构之间的法律关系为委托关系，法院作为委托方，应负有配合评估的义务，如向评估机构移交相关资料、披露执行财产的瑕疵情况，通知审判和执行人员陪同评估机构进行现场勘验、督促被执行人履行配合义务等。《规定》发布之前，司法解释对法院在评估方面的配合义务要求过少，如“法释〔2004〕16号规定”仅规定法院在股权评估时可责令企业提供会计报表及强制提取，“法释〔2009〕16号规定”仅要求法院通知审判和执行人员陪同评估机构进行现场勘验。虽然“法释〔2004〕16号规定”第十条规定，“执行人员应当对拍卖财产的权属状况、占有使用情况等进行必要的调查，制作拍卖财产现状的调查笔录或者收集其他有关资料”。但该规定并未明确法院负有将相关资料完整移交评估机构的义务。从执行实务来看，确实存在法院未能完全履行对评估机构配合义务的情况，部分法院将有关资料移交评估机构后，具体的评估事宜完全由评估机构负责，法院仅“坐等”评估报告的提交。甚至在个别情况下，法院移交的资料并不完整，亦不在资料文件上签字，评估机构无法确定资料的真实性。① 在这样的情况下，评估依据、评估报告的客观性、公正性、准确性自然无法保证。

2. 法院对评估机构的审查与监督缺位

法院与评估机构之间除了民事上的委托关系，还有公法上的法律关系，但《规定》发布之前，司法解释有关法院对评估机构的审查、监督、惩罚职责过于原则，法院对司法解释的执行更是流于形式。“法释〔2004〕16号规定”设

① 卢正敏：《强制拍卖中不动产评估失实的法律应对》，载《安徽大学学报（哲学社会科学版）》2018年第2期。

置了当事人对评估报告提出异议的程序，但仅明确评估机构、评估人员不具备相应的评估资质或者评估程序严重违法时，应重新评估，并未规定评估异议的审查程序，以及评估结果明显失实的法律后果。① 在司法实务中，各地法院对评估异议的审查程序和方式，有不同的做法。常见的处理方式是，法院认为当事人对评估报告的异议针对的是评估机构的具体工作，因此应将其异议送交评估机构复核。评估机构复核后认为异议不成立的，应当作出书面说明分送各方当事人。但评估机构一般不会“自证其错”，复核的意见基本是以市场公开交易案例为依据，维持原评估报告结论。此时如当事人对评估机构的复核结果仍然不服，一些法院认为也无需委托其他机构再次评估或者复核。②

另外，即使部分法院经过核查认定评估结果明显失实，影响评估、拍卖结果，侵害当事人合法利益，根据《关于人民法院委托评估、拍卖工作的若干规定》（法释〔2011〕21 号，以下简称“法释〔2011〕21 号规定”），人民法院采取的措施仅为“不再委托其从事委托评估、拍卖工作。涉及违反法律法规的，依据有关规定处理。”而在实务中，法院适用前述规定追究评估机构的违约责任、侵权责任的情形极为罕见，评估机构评估结果明显失实的直接后果，只是不能再从事相关法院的司法评估而已。司法解释对评估机构的审查、监督和惩罚机制的缺位，间接构成滋生司法评估价过高现象的一个重要原因。

（三）当事人权、责、利考量

大多数评估机构认为，在司法评估中，一个突出的问题是评估过程中相关当事人不配合的问题。如当事人拖延甚至以拒不提供资产评估的相关资料、提供不准确数据、干扰现场勘验等。③ 因评估结果对当事人的切身利益有重大影响，申请执行人一般配合度较高；而从债务人及被执行人的角度，由于拍卖价款用于偿还债务，评估价越高对债务人及被执行人越有利，所以存在故意隐瞒资产瑕疵的心理。另外，在资不抵债的情况下，因资产拍卖价款全部支付给债权人，债务人及被执行人还会故意干扰评估人员的现场勘察，以拖延执行程序。相关当事人的这些行为，不但造成评估机构难以准确了解执行财产的实际情况，还延长了评估期限，严重影响了案件执行的正常进度和执行效率。

---

① 参见《最高人民法院关于人民法院民事执行中拍卖、变卖财产的规定》（法释［2004］16 号）第六条。

② 林振华、卫东亮、余炜川、肖辉燕：《关于评估拍卖的执行问题调研报告》，载 http://www.gdcourts.gov.cn/web/content/36241 - ，于 2018 年 6 月 7 日访问。

③ 张革：《审视与破解：房地产司法鉴定估价的现实困境及完善路径》，载《中国房地产估价与经纪》2014 年第 2 期。

三、应对路径：优化司法评估的权责机制

司法评估价过高的问题涉及评估机构、法院、当事人多个主体，成因复杂，但归根结底在于司法评估权责体系不健全，缺乏有效的法律约束机制。最高人民法院针对司法解释有关委托评估问题的立法不足，规范性和可操作性不强，实践中存在评估价过高等问题，通过《规定》明确规定司法评估不再是确定财产处置参考价的前置程序，仅“法律、行政法规规定必须委托评估、双方当事人要求委托评估或者网络询价不能或不成的，人民法院应当委托评估机构进行评估”。但是，司法评估还是确定财产处置参考价的重要程序之一，根据《规定》，法院委托评估机构进行司法评估时，应当以评估结果（包括补正结果及重新作出的评估结果）为参考价。因此，为规范司法评估程序，《规定》采纳了各地法院在司法评估收费机制、评估异议等方面的成功经验。但整体来看，还有部分内容尚未充分考量评估机构、法院、当事人之间的权、责、利关系，从优化司法评估权责体系的角度，还有进一步完善的空间。

（一）统一规范司法评估收费

司法评估费按照评估价的一定比例收取，是造成评估价偏高的直接原因。在《规定》发布之前，为解决这一问题，部分法院已经开始一些有益的探索。重庆高院2013年发布《关于进一步规范民事执行中评估、拍卖工作的规定（试行）》，山东高院2016年发布《关于加强和规范司法评估、网络司法拍卖工作的实施意见》，均规定评估收费采取“前端预收成本费、后端结算”的原则。具体收费方式为，申请执行人预交部分评估费，剩余评估费按照成交、变卖价与评估价孰低的原则结算，并从拍卖、变卖成交或抵偿的价款中优先扣付。江苏高院在2016年发布的《关于完善司法评估、网拍工作的规定》中，将评估费的计费基础也确定为成交、变卖价与评估价孰低的原则，当事人自愿以物抵债的，评估费按照以物抵债裁定冲抵的债权数额的一定比例收取。但江苏高院未采取申请执行人预交部分评估费的做法，对于拍卖、变卖未成交，当事人也不愿以物抵债的情况，规定不收取评估费，属于要求评估机构进行“风险代理”的做法。

《规定》参考了重庆高院和山东高院的做法，将司法评估收费与资产处置结果直接关联。根据《规定》第三十二条第一款的规定，财产处置未成交的，按照评估机构合理的实际支出计付费用；财产处置成交价高于评估价的，以评估价为基准计付费用；财产处置成交价低于评估价的，以财产处置成交价为基

准计付费用。该条第二款规定，如法院撤回委托评估的，按照评估机构合理的实际支出计付费用；如法院通知原评估机构重新出具评估报告的，则按照第一款规定的百分之三十计付费用。该条第三款规定，人民法院依照本规定另行委托评估机构重新进行评估的，对原评估机构不计付费用。这种收费方式以司法评估的公法法律关系属性为前提，有效防止司法评估收费单纯以营利为主要目的；同时，为确保评估机构的积极性和约束评估机构的履职行为，在计费方面也采用了合理的激励安排，是规范评估机构收费的重要举措。但是，如何确定评估机构的合理实际支出，还需要发改委、财政部、评估协会等有关部门和机构进一步明确。

（二）健全评估机构、法院、当事人的责任机制

《规定》增加了强化评估机构、法院、当事人在司法评估中义务与责任的内容，这对调和评估机构、法院和当事人之间的权、责、利冲突，解决法院在处置财产过程中突出存在的评估价过高问题，从而化解“执行难”，提高财产处置效率具有重要意义。但《规定》在评估机构责任追究方面，还需要进一步完善。

1.《规定》完善了评估异议机制

《规定》实施之前，各法院对评估异议的处理程序基本为法院司法辅助部门书面审查，或不经审查直接交由原评估机构答复。法院对此的解释为，法院不具备评估工作的专业知识，缺乏审查能力。然而，这种做法相当于剥夺了当事人的异议权。广东高院曾采取不同做法，在《关于委托评估、拍卖工作的若干规定》（粤高法发［2004］21 号）中规定：“当事人对评估结果争议较大，且提供充分证据证实评估价格与市场价格相差较大而请求重新评估的，委托法院可以委托物价部门价格认证中心进行价格复核，也可以报告上级法院，由上级法院委托其同级政府物价部门价格认证中心进行价格复核。”

针对评估异议问题，重庆高院设置了评估听证程序，司法技术部门会同执行部门组织召开评估听证会，通知当事人及其他利害关系人、评估机构、专业评估人士参加听证会，司法技术部门和执行部门根据听证会作出评估异议是否成立的结论。如评估异议成立的，应责令评估机构限期对评估报告作出补充、修正，确需重新评估的，应当重新委托评估。

《规定》第二十二条、第二十三条规定了当事人、利害关系人有权对“评估报告的参照标准、计算方法或者评估结果”提出书面异议，且在评估机构未及时作说明或者当事人、利害关系人对作出的说明仍有异议时，明确规定交

由相关行业协会在指定期限内组织专业技术评审，并根据专业技术评审出具的结论认定评估结果或者责令原评估机构予以补正。《规定》要求法院交由具有评估专业能力的行业协会组织专业技术评审，法院应依据评审结论认定异议是否成立，较好地解决了法院不具有评估专业能力的问题，健全了评估异议机制，是在民事诉讼法框架下的可行解决路径。唯一有待完善的是，《规定》未明确相关行业协会组织专业技术评审出具结论的期限要求，而给予法院较大的司法裁量权，导致了评估异议期限的不确定性，从而影响了“高效确定财产处置参考价”这一立法目的的实现。

2.《规定》强化了法院和当事人的义务与责任

实践表明，法院、当事人在评估机构实施清查核实、现场查勘、市场调查和询证等环节积极配合，特别是向评估机构提供真实、准确、完整的相关资料，是确保评估结果客观、公正、准确的重要条件。为强化法院和当事人在确定财产处置参考价程序中的义务与责任，《规定》第三条规定：“人民法院确定参考价前，应当查明财产的权属、权利负担、占有使用、欠缴税费、质量瑕疵等事项。人民法院查明前款规定事项需要当事人、有关单位或者个人提供相关资料的，可以通知其提交；拒不提交的，可以强制提取；对妨碍强制提取的，参照民事诉讼法第一百一十一条、第一百一十四条的规定处理。查明本条第一款规定事项需要审计、鉴定的，人民法院可以先行审计、鉴定。”《规定》第十七条第一款规定：“人民法院应当向顺序在先的评估机构出具评估委托书，评估委托书应当载明财产名称、物理特征、规格数量、目的要求、完成期限以及其他需要明确的内容等，同时应当将查明的财产情况及相关材料一并移交给评估机构。”

最高人民法院在2018年5月下发的《关于股权强制执行若干问题的规定（征求意见稿）》与《规定》在强化法院和当事人在股权评估过程中的配合义务方面的要求保持了一致，如最高人民法院再出台与司法评估相关的司法解释，应该统一按照《规定》的要求，强化法院和当事人的配合义务和法律责任。

3.《规定》应健全评估机构的责任追究机制

《规定》未涉及评估结果严重失实、评估异议成立、侵害当事人合法利益时，对评估机构的责任追究的内容，仅在第三十二条中规定，法院通知评估机构重新出具评估报告的，计付百分之三十的费用；法院依照另行委托评估机构重新进行评估的，对原评估机构不计付费用。因此，评估机构责任追究方面的主要依据为“法释〔2011〕21号规定”。按照该规定，评估结果明显失实，影响评估、拍卖结果，侵害当事人合法利益的，人民法院采取的措施为“不再委托其从事委托评估、拍卖工作。涉及违反法律法规的，依据有关规定处理。”但上述规定较为原则，且评估机构所承担的责任与其权利、义务并不匹配。为监督评估机构履职，提高评估报告的准确性，笔者认为，应该从制度层面进一步细化对评估机构的责任追究机制。

首先，应进一步明确“涉及违反法律法规的，依据有关规定处理”的具体内容。德国《民法典》明确规定鉴定人违法作出错误鉴定的，应承担损害赔偿责任。并基于鉴定人员仅按照实际工作量收取鉴定费的前提，为确保鉴定人权责的统一性，规定鉴定人仅在故意或者重大过失时才承担责任。[①]《规定》改革了此前的评估收费机制，将评估费与评估人员的实际工作成本和资产处置结果直接关联，相应地，从责、权、利统一的角度，最高人民法院应当进一步明确，评估机构因故意或重大过失错误评估的，应承担对当事人及其他利害关系人的损害赔偿责任。

其次，应该明确法院可以根据情节轻重对评估机构采取不同的惩罚措施，包括通报批评，列入黑名单等。如扬州中院在《关于提高司法拍卖成交率的若干规定》中规定，凡评估价值不符合市场规律和客观实际的，因拍卖机构原因造成流拍的，可以根据情节轻重给予该评估机构通报批评、撤回委托、暂停委托、取消委托资格的处理。按照《关于人民法院委托评估、拍卖工作的若干规定》（法释〔2011〕21号）第二条的规定，人民法院不再编制委托评估、拍卖机构名册。取得政府管理部门行政许可并达到一定资质等级的评估、拍卖机构，可以自愿报名参加人民法院委托的评估、拍卖活动。从规范司法评估服务行业、保障司法公平公正价值实现的角度，司法解释既然取消了“准入”限制，就应该建立切实有效的后续管理机制，如建立评估机构黑名单库、给予通报批评惩罚等。

---

① 卢正敏：《强制拍卖中不动产评估失实的法律应对》，载《安徽大学学报（哲学社会科学版）》2018年第2期。

[新类型疑难案例选评]

彭某申请执行某甲房地产公司抵押车位案

张 博*

【基本案情】

案外人张某于2013年2月12日向被告重庆某甲房地产公司购买车位A5－1，支付了全部价款，并占有使用该车位。2015年1月1日，被告某甲房地产公司向原告彭某借款840万元，并将登记在其名下的包括A5－1在内的多个车位作了抵押担保，并于2015年4月12日在房管部门办理抵押登记。

2016年7月20日，因某甲房地产公司到期为履行还款义务，彭某向人民法院起诉，要求被告某甲房地产公司支付借款840万元及利息。2016年12月20日，重庆市某区法院作出判决支持了原告的诉讼请求，并确定彭某对上述包括A5－1在内的多个车位享有优先受偿权。2017年2月4日，原告彭某申请强制执行。2017年2月27日，法院查封了包括案外人张某购买的A5－1在内的抵押车位。

2017年8月2日，案外人张某对查封该车位提出书面异议，2017年8月15日法院裁定驳回异议人张某的异议。2017年9月8日，案外人张某对执行异议裁定不服，向法院提起执行异议之诉，要求停止执行其购买的车位。

【意见分歧】

对于张某的异议主张，存在两种不同的处理意见：

* 作者单位：重庆市合川区人民法院。

第一种意见认为，案外人张某的异议请求不应支持。不动产的转让以登记为准，未经登记的不发生效力。张某虽购买并占有使用该车位，但未办理产权过户登记手续，那么该车位的所有权仍属于某甲房地产有限公司。某甲房地产有限公司将其所有的财产向彭某抵押借款，系行使物权处分权的一种表现。担保物权有优先于普通债权的效力，彭某向法院申请强制执行并查封抵押的车位，是实现担保物权的必经程序。根据担保物权优先原则，应驳回案外人张某的异议请求。

第二种意见认为，张某的异议之诉请求应予支持。彭某申请执行的标的属于金钱债权。案外人张某与某甲房地产有限公司在查封该车位之前已签订买卖合同，缴清了全部款项款并占有使用该车位，且其对办理房产过户无过错，案外人张某对购买的车位享有物权期待权，其行为符合《最高人民法院关于人民法院办理执行异议和复议案件若干问题的规定》第二十八条的规定，应予以保护。

［评析］

案外人物权期待权能否排除强制执行

笔者同意第二种意见。理由如下：

1. 张某提起异议之诉的实质是主张物权期待权

张某提出的异议之诉形式上体现为是否应当排除强制执行，其实质是解决案外人对执行标的所享有权益与申请执行人享有的担保物权请求权的优先效力问题。物权期待权从性质上属于债权的范畴，但该债权不同于一般债权，案外人按照合同约定履行了支付取得物权之对价义务，预期物权将确定无疑的变动到其名下。签订买卖合同的买受人，在已经履行合同义务的情况下，虽然尚未取得合同标的物的所有权，但赋予其类似所有权人的地位，其物权期待权具有排除执行等效力，买受人的物权期待权相当于出卖人的权利地位。本案中，案外人张某已按合同履行获取物权的对等义务，并实际占有该车位，其预期利益按照正常程序会获得该车位的所有权，故案外人张某异议之诉的实质是主张物权期待权。

2. 张某支付了停车位价款并实际占有标的物享有物权期待权

争议车位属于不动产，根据物权法第九条、第十四条及第二十八至三十条的规定，除继承、征收等非法律行为所得的物权外，不动产物权的设立、变更、转让和消灭，必须经依法登记，不登记不发生效力。但在现实生活中，在双方当事人签订买卖合同后，购方履行完支付义务后不能及时办理登记的情况客观存在。如果仅以登记为要件，将使得买受人的权利受到损害。签订买卖合同并支付对价的买受人受到法律保护，司法实践中对案外人物权期待权的附条件加以保护就显得尤其必要。即申请执行的债权必须是金钱债权；案外人在人民法院查封之前已签订合法有效的书面合同且已支付全部价款；未办理过户手续买受人无过错。本案中，彭某的借款行为属投资行为，该债务的实质是金钱债权；而案外人张某在法院查封之前已签订合法有效的书面合同，且支付了购买车位的对价款并占有使用该车位，已成为该车为的准所有权人，尽管该车位未办理产权登记，但不能归责于案外人张某，其并无过错。因此，案外人的行为符合《最高人民法院关于人民法院办理执行异议和复议案件若干问题的规定》第二十八条的规定，张某对该车位享有物权期待权。

3. 张某的物权期待权足以排除法院的强制执行

具有消费者身份的房屋买受人优先于金钱债权。这在《最高人民法院关于建设工程价款优先受偿权问题的批复》得到了明确确定，案外人张某购买车位的目的是为了居住生活、出行方便，属于于个人的消费行为，而原告彭某享有的担保物权因投资经营而产生，其目的是为了获得收益即收取利息，其享有的债权属金钱债权，故案外人张某的消费行为应优先于彭某的金钱债权得到保护。案外人物权期待权的价值在于法律对期待权的承认和赋予其转让的效力。以房屋买卖合同为例，在房屋买受人按照协议履行完支付义务后，其已获得对房屋的期待权，如果按照正常的程序，房屋产权登记在自己的名下成为必然，作为准所有权人的买受人理当享有与所有权人同等的物权权利，其有权利为了自己的利益占有、使用和转让的效力。如果期待权向所有权转化过程中受到非自身原因的阻却，那么基于合同产生的交易安全市场秩序必将受到损坏。本案中，张某购买车位在前，担保物权形成在后，如果简单按照物权法的不动产登记原则和担保物权优先原则处理该案，那么对案外人张某极不公平，将会破坏民事交易公平原则和诚实信用原则，亦不符合立法的目的。因此，案外人张某的物权期待权应受到保护，并足以排除强制执行。

《最新法律文件解读》丛书

稿　约

《最新法律文件解读》是一套以为最新法律规范提供同步“解读”为主的系列丛书，分为刑事、民事、商事、行政与执行4个分册，按月出版。

本丛书以“解读”为重点，突出全、专、新、快、准等特点，通过对最新出台的法律、法规、司法解释、部门规章以及重要地方性法规进行同步动态解读，弥补了法律、法规、司法解释汇编类出版物没有同步阐释、解读内容的不足，为广大读者学习理解最新法律规范，正确贯彻执行法律文件，及时解决实践中的新情况、新问题，提供一个全方位、多层面的法律信息平台。

欢迎您向以下栏目赐稿：

【最新法律文件解读】主要是对最新颁行的法律文件进行解读，帮助司法和执法人员正确理解法律文件的立法背景、意义、重点内容、在适用中应注意的问题、与相关法律文件的衔接与互动关系等等。

【司法实务问题研究】主要刊登对司法理论、实务及司法管理工作中的热点、疑难问题进行研究及评论的文章。

【新类型疑难案例选评】主要是对司法和行政执法实践中具有典型性和代表性的疑难案例，结合具体案情以及审理或处理结果进行简练精辟的点评，解析认识问题的方法、处理问题的法律依据和在个案中的具体适用。

【法学前沿与新视点】以摘要的形式刊登相关法学理论研究的最新动态及具有代表性和典型性的前沿问题，扩展法学研究的深度和广度。

【法律适用问题解答】主要针对司法和行政执法实践中面临的新问题、热点问题、疑难问题进行简要的解答，指出涉及的法律关系，明确法律适用依据。

稿件一经刊用，即付稿酬，稿酬从优。

《刑事法律文件解读》　姜　峤　邮箱：bj85250573@126.com

《民事法律文件解读》　丁丽娜　邮箱：dlnlaw@163.com

《商事法律文件解读》　路建华　邮箱：shangshijiedu@126.com

《行政与执行法律文件解读》　张　奎　邮箱：271717306@qq.com

人民法院出版社

《最新法律文件解读》丛书编辑部